발명특허출원 : 10-2003-0063714
상표등록출원 : 40-2005-0009478
저작권등록 : 제C-2003-002937호

국어 논술 능력을 길러주는

김영준 漢字교실
(汉字)

한국어문회 주관 한자능력검정시험 대비

6급

300자

이 책의 특징

　이 교재는 한글만 알면 누구나 배울 수 있는 한자 교재로 본문을 시를 낭송하듯이 소리내어 반복적으로 읽음으로써 ①한자의 훈 음 ②독음 ③한자어의 뜻을 터득할 수 있도록 구성하였으며, 특히 우리가 쓰는 漢字와 중국에서 쓰는 간체자를 한눈에 대조시켜 漢字와 더불어 간체자도 쉽게 습득할 수 있도록 하였다. 또한 금강산, 오빠생각, 반달, 섬집아기 등의 동요 가락에 맞추어 즐겁게 노래하는 가운데 한자를 익히도록 하였다.

이 책의 구성

| (예) 7급 제 1 장 | 家 | 집가에 일사는 家事이고요 (본문 첫째 줄)
집안과 문중은 家門입니다. (본문 둘째 줄)
　　　　　　　가　문 |

1. 본문 첫째줄은 한자의 훈 음을 적어놓아 한글만 알면 유아부터 성인에 이르기까지 한자를 쉽게 습득할 수 있도록 하였으며

2. 본문 둘째줄은 이미 익힌 한자로 만들어진 한자어의 뜻을 설명하여 복습과 더불어 우리 국어의 정확한 뜻을 깨치도록 하였다.

이 책의 학습방법

1. 「기초 한자(部首)훈음과 필순표」을 보고 기초 한자의 필순을 완전히 익힌 다음
2. 급수별 「본문학습방법」과 「점검 읽는 요령」을 참고하여 학습한다.
3. 급수별 「배정한자」를 책을 보지 않고도 쓸 수 있도록 학습한다.

한자능력시험 대비 학습요령

1. 본문에 나온 한자어를 받아쓰기 형식으로 〈보기〉와 같이 학습한다.
　① 한자노트를 이용하여 한자어의 훈(뜻)음을 쓴다.　② 한자어를 쓴다.
　〈보기1〉 | 집(가) | 일(사) |　| 집(가) | 문(문) |
　〈보기2〉 | 家　事 |　| 家　門 |
　　　　　　집(가) 일(사)　　집(가) 문(문)

　※ 본문 제1장부터 마지막장까지 책을 보지 않고 쓸 수 있도록 학습한다.

2. 기출·예상문제집으로 학습한다.
　※ 답안지를 100여 장 이상 복사해 놓고 만점이 나올 때까지 학습한다.

한글만 알면 쉽게 배울 수 있는
一讀三貫 (일독삼관) 학습법

 최근 중국이 경제대국으로 급부상 하면서 한자(漢字)와 중국어를 배우는 사람들이 크게 늘고, 그 중요성도 강조되고 있다.

 한자를 알면 사고력과 어휘력이 신장되고 국어의 정확한 뜻을 알게 되어 「국어 논술교육」에 실질적인 도움이 된다. 또한 한자(漢字)와 간체자를 알게 되면 「중국어」를 배우는 데 결정적인 도움을 준다.

 이 교재는 이러한 점에 주안점(主眼點)을 두고 보다 현실적이고 실용적인 학습서가 되도록 종래의 쓰기위주의 학습방법을 바꾸어 어휘의 뜻을 소리내어 읽음으로써 「국어 논술 교육」에 실질적인 도움이 되도록 하였으며, 한자(漢字)와 간체자를 한 눈에 대조시켜 「중국어」를 습득하는데 결정적인 도움이 되도록 하였다.

 필자는 1992년 한자 교육에 뜻을 세우고 어떻게 하면 쉽고 재미있게 한자를 가르칠 수 있을까, 연구를 거듭한 끝에 **一讀三貫**학습법(발명특허출원 : 10-2003-0063714)을 창안하기에 이르렀다.

 一讀三貫이란 「**한 번 읽어서 ① 한자의 훈음 ② 독음 ③ 한자어의 뜻 세 가지를 꿰뚫는다**」는 뜻의 성어(成語)이다.

 이 책은 **한글만 알면 혼자서도** 쉽게 배울 수 있는 한자교재로 본문을 시를 낭송하듯이 낭송하거나 동요가락에 맞추어 흥겹게 노래하는 가운데 ① 한자의 훈음 ② 독음 ③ 한자어의 뜻 모두를 익힐 수 있도록 내용과 편집체제에 각별한 정성과 심혈(心血)을 기울여 만든 교재다.

 출판에 앞서 초등학생을 대상으로 한 '어린이 한자서당' 등에서 본 교재와 동일한 내용의 교재를 활용하여 큰 성과를 거두어 「성남시 주관 2002 주민자치센터운영 우수사례」 발표 등으로 선정된 바, 그 실효성을 검증받은 교재다.

 이 책이 유치원·초·중·고·대학생의 漢字교육에 기여하는 교재가 되어 주기를 기대하며 **一讀三貫** 학습법이라 이름하여 머리말에 대신한다.

2005년 6월

남재(南齋) 김영준(金泳俊)

저자 약력

· 남원서당(魯天齋)에서 南軒 吳奎烈 선생님으로부터 漢文修學
· 고려대학교 교육대학원 사회교육CEO최고위 과정 재학중
· 한국어문회 한자능력검정 1급 취득
· 한국어문회 평생회원
· 성남 시립청소년수련관 강사
· 성남시 중원구 하대원동 문화의 집 강사
· 성남시 수정구 단대동 문화의집 강사
· 성남시 분당구 야탑2동 주민자치센터 강사
· 성남시장 표창장(문화의 집 활성화 기여)
· 성남시 수정구 주관 문화의 집 우수사례 발표
· 성남시 주관 2002 주민자치센터 운영 우수사례 발표
· 아름방송(ABN)강의
· 도시철도공사 취미교실 강사
· 성남시 수정구 노인대학 강사
· 통일부 하나원 강사(현)
· 성남문화원 강사(현)
· 도서출판 漢字문화 대표(현)

저 서

· 김영준 漢字교실 (8급~7급 150자)
· 김영준 漢字교실 (6급 300자)
· 김영준 漢字교실 (5급 500자)
· 김영준 漢字교실 (4급 II 750자)
· 김영준 漢字교실 (4급 1,000자)
· 김영준 漢字교실 (3급 II 1,500자)
· 김영준 漢字교실 (3급 1,817자)
· 김영준 漢字교실 (2급 2,355자)

◆ 강의 · 교재에 대한 문의전화 : 031-733-2255, 011-9266-7830

목 차

◆ 기초한자(部首)훈음과 필순 ·· 7

6급

- 6급 제1장 (반달 : 윤극영 요 · 윤극영 곡) ············· 18
- 배정한자 훈(뜻)음표 ·· 19
- 배정한자 소리내어 읽기 ·· 20
- 「본문」 학습 방법 ·· 25
- 「점검」 읽는 요령 ·· 26
- 본 문 ·· 27
- 8급 배정한자 훈(뜻)음표 ·· 77
- 7급 배정한자 훈(뜻)음표 ·· 79

◆ 훈(뜻)음 쓰기 · 한자 쓰기 ·· 83

◆ 훈(뜻)음 찾기 ·· 139

간체자만 알면 중국어는 쉽다

요즘 중국어 공부에 남다른 관심과 열의를 갖고 있는 사람들이 늘고 있다. 그러나 막상 중국어를 익히려면 우리가 쓰는 한자와 중국에서 쓰는 한자가 달라 어려움을 겪게 된다. 중국어를 공부하려면 먼저 중국에서 쓰는 간체자를 익혀야 되는데 시중에는 상용한자에 따른 간체자 교재가 없는 실정이어서 많은 사람들이 어려움을 겪고 있다.

이 책은 한국어문회가 주관, 시행하고 있는 「한자능력검정시험」의 급수한자에 중국의 간체자를 대조시켜 어렵지 않게 중국의 간체자도 익힐 수 있도록 만든 교재다.

중국어는 한자와 간체자만 알면 쉽게 배울 수 있는 언어이다.

처음에 발음이 어려워 익히기가 어려운데 이러한 관문만 통과하면 다른 외국어보다는 훨씬 쉽고 빠르게 배울 수 있다.

이 책으로 공부한 많은 독자들이 호기심이 유발(誘發)되어 중국어까지 익힐 수 있는 계기(契機)가 되기를 바란다.

■ 한국어문회 한자능력검정시험안내

전 화 : 1566-1400

인터넷접수 : http://www.hangum.re.kr

※ 본 저서는 저작권법에 의해 보호를 받는 바, 무단복제 행위를 금하며, 또한 특허출원에 의해 차후 독점권도 향유할 수 있는 바, 동일 유사하게 모방하는 행위는 법의 저촉을 받을 수 있음을 밝힙니다.

발명특허출원 : 10-2003-0063714
상표등록출원 : 40-2005-0009478
저작권등록 : 제C-2003-002937호

김영준 漢字 교실
(汉字)

기초漢字(部首)
훈(뜻)음과 필순표

기초한자(漢字)의 필순 학습 방법

● 한자노트를 이용하여 ① 본 교재의 필순표를 보고 〈보기〉와 같이 기초 漢字를 쓴 다음
② 기초漢字의 훈(뜻)음을 쓴다.

〈보기〉

丶	丷	丷	半	米	米			
					쌀 미			
丨	冂	冃	月	目	貝	見		
						볼 견		

※ 일러두기

아래의 기초漢字(部首) 훈(뜻)음 등은 속칭(俗稱)이나 가차(假借)된 명칭을 적지 않고 본래의 훈음으로 표기하였으며 어려운 한자어로 된 훈음은 쉬운말로 고쳐 한자의 이해에 도움이 되게 하였다.

● 八(나눌 팔) - 分(나눌 분) 半(반 반) 公(공평할 공)
● 冖(덮을 멱) - 冠(갓 관) 冥(어두울 명) 冢(무덤 총)
● 冫(얼음 빙) - 冬(겨울 동) 冷(찰 랭) 凍(얼 동)
● 又(손 우) - 受(받을 수) 授(줄 수) 取(가질 취)
● 几(걸상 궤) - 机(책상 궤) 處(곳 처)
● 宀(집 면) - 家(집 가) 室(집 실) 宅(집 택)
● 豸(사나운짐승 치) - 豺(승냥이 시) 豹(표범 표) 貂(담비 초)
● 酉(술 유) - 酒(술 유) 醉(취할 취) 醜(추할 추)
● 自(코 자) - 臭(냄새 취) 息(숨쉴 식) 鼻(코 비)
● 隶(미칠 체) - 逮(잡을 체) 棣(산앵도나무 체) 隷(종 례)
● 鬲(오지병 격) - 隔(사이뜰 격) 膈(흉격 격)

기초 漢字(部首) 훈음과 필순표

기초 漢字(部首)는 모든 漢字의 기본글자이므로 본 漢字의 필순을 잘 익히면 이를 응용하여 어떠한 漢字도 자신있게 쓸 수 있게 된다.

■ 1획

一 한 일	一		
丨 뚫을 곤	丨		
丶 점 주	丶		
丿 삐칠 별	丿		
乙 새 을	乙		
亅 갈고리 궐	亅		

■ 2획

二 두 이	一	二	
亠 머리부분 두	丶	亠	
人 사람 인	丿	人	
亻 사람인 변	丿	亻	
儿 어진사람 인	丿	儿	
入 들 입	丿	入	
八 나눌 팔	丿	八	
冂 멀 경	丨	冂	
冖 덮을 멱	丶	冖	
冫 얼음 빙	丶	冫	
几 걸상 궤	丿	几	
凵 입벌릴 감	丨	凵	
刀 칼 도	丿	刀	
刂 칼도 방	丨	刂	
力 힘 력	丿	力	

勹 감쌀 포	丿	勹	
匕 숟가락 비	丿	匕	
匚 상자 방	一	匚	
匸 감출 혜	一	匸	
十 열 십	一	十	
卜 점 복	丨	卜	
卩 병부 절	丿	卩	
㔾 병부 절	丿	㔾	
厂 언덕 한	一	厂	
厶 사사 사	厶	厶	
又 손 우	丿	又	

■ 3획

口 입 구	丨	冂	口
囗 에워쌀 위	丨	冂	囗
土 흙 토	一	十	土
士 선비 사	一	十	士
夂 뒤져올 치	丿	夂	夂
夊 천천히 걸을 쇠	丿	夊	夊
夕 저녁 석	丿	夕	夕
大 큰 대	一	大	大
女 계집 녀	丿	女	女
子 아들 자	丶	了	子
宀 집 면	丶	丶	宀

부수필순

■ 3획

寸 마디 촌	一	寸	寸
小 작을 소	亅	小	小
尢 절름발이 왕	一	ナ	尢
尸 누울 시	一	尸	尸
屮 싹날 철	凵	屮	屮
山 메 산	丨	凵	山
巛 내 천	巜	巛	巛
工 장인 공	一	丁	工
己 몸 기	𠃋	己	己
巾 수건 건	丨	冂	巾
干 방패 간	一	二	干
幺 작을 요	𠃋	幺	幺
广 집 엄	丶	广	广
廴 연이어걸을 인	𠃋	廴	廴
廾 두손 공	一	ナ	廾
弋 주살 익	一	弋	弋
弓 활 궁	一	弓	弓
彐 돼지머리 계	一	彐	彐
ヨ 돼지머리 계	一	ヨ	ヨ
彑 돼지머리 계	乚	彑	彑
彡 무늬 삼	丿	彡	彡
彳 걸을 척	丿	彳	彳

■ 4획

心 마음 심	丶	心	心
忄 마음심변	丶	忄	忄
㣺 마음심발	丨	忄	㣺
戈 창 과	一	弋	戈
戶 지게문 호	一	戶	戶
手 손 수	一	二	手
扌 손수 변	一	扌	扌
支 나눌 지	一	十	支
攴 칠 복	丨	攴	攴
攵 칠 복	丿	攵	攵
文 글월 문	丶	文	文
斗 말 두	丶	斗	斗
斤 도끼 근	一	斤	斤
方 모 방	丶	方	方
无 없을 무	一	二	无
日 해 일	丨	冂	日
曰 말할 왈	丨	冂	曰
月 달 월	丿	月	月
木 나무 목	一	十	木
欠 하품 흠	丿	欠	欠
止 그칠 지	丨	止	止
歹 남은뼈 알	一	歹	歹
殳 창 수	丿	殳	殳
毋 말 무	乚	毋	毋
比 견줄 비	比	比	比
毛 터럭 모	一	二	毛

■ 5획

氏 성씨 씨	一	ㄷ	乓	氏
气 기운 기	ノ	ㅗ	두	气
水 물 수	亅	刁	겨	水
氵 물수변	`	⺀	氵	
火 불 화	`	⺍	少	火
灬 불화 발	`	⺍	灬	灬
爪 손톱 조	一	厂	爪	爪
爫 손톱 조 머리	⺈	⺤	爫	
父 아비 부	ノ	八	⺈	父
爻 점괘 효	ノ	ㄨ	爻	爻
爿 조각 장	丨	丬	爿	爿
片 조각 편	ノ	丨	户	片
牙 어금니 아	一	二	于	牙
牛 소 우	ノ	二	三	牛
牜 소우변	ノ	ㄴ	牛	牜
犬 개 견	一	ナ	大	犬
犭 개견변	ノ		犭	

玄 검을 현	`	亠	宀	玄	玄
玉 구슬 옥	一	丁	王	王	玉
瓜 외 과	一	厂	瓜	瓜	瓜
瓦 기와 와	一	厂	瓦	瓦	瓦
甘 달 감	一	十	甘	甘	甘
生 날 생	ノ	ㅗ	牛	牛	生
用 쓸 용	ノ	冂	月	月	用
田 밭 전	丨	冂	田	田	田
疋 발 소	乛	丆	下	疋	疋
疒 병들 녁	`	亠	广	疒	疒
癶 어그러질 발	乛	癶	癶	癶	
白 흰 백	`	丨	冂	白	白
皮 가죽 피	ノ	厂	广	皮	皮
皿 그릇 명	丨	冂	皿	皿	皿
目 눈 목	丨	冂	目	目	目
矛 창 모	乛	⺊	⺊	予	矛
矢 화살 시	ノ	ㅗ	ㄴ	矢	矢
石 돌 석	一	丆	丆	石	石
示 보일 시	一	二	〒	示	示
礻 보일시변	`	⺈	礻	礻	
禸 짐승발자국 유	丨	冂	内	禸	禸
禾 벼 화	一	二	千	禾	禾
穴 구멍 혈	`	⺈	宀	穴	穴
立 설 립	`	亠	六	立	立

■ 6획

竹 대 죽	ノ	ト	丿	午	竺	竹
米 쌀 미	丶	丷	丷	半	米	米
糸 실 사	厶	幺	幺	糸	糸	糸
缶 장군 부	ノ	一	二	午	缶	缶
网 그물 망	丨	冂	冈	冈	网	网
冂 그물 망	丨	冂	冂	冂	冂	
罒 그물 망	丨	冂	罒	罒	罒	
羊 양 양	丶	丷	丷	兰	兰	羊
羽 날개 우	乛	习	习	羽	羽	羽
老 늙을 로	一	十	土	耂	耂	老
而 말이을 이	一	一	厂	币	而	而
耒 쟁기 뢰	一	二	三	丰	耒	耒
耳 귀 이	一	丁	下	下	耳	耳
聿 붓 률	乛	ヨ	ヨ	彐	聿	聿
肉 고기 육	丨	冂	内	内	肉	肉
月 육달 월	丿	刀	月	月		
臣 신하 신	一	丆	五	互	臣	
自 코 자	丿	亻	冂	自	自	自
至 이를 지	一	云	云	至	至	至
臼 절구 구	丿	丆	臼	臼	臼	
舌 혀 설	一	二	千	千	舌	舌
舛 어그러질 천	丿	夕	夕	夕	舛	舛
舟 배 주	丿	亻	丹	丹	舟	舟
艮 괘이름 간	乛	ㄱ	ヨ	艮	艮	艮
色 빛 색	ノ	勹	夕	色	色	色
艹 풀 초	ㅏ	ㅂ	艹	艹	艹	

艹 풀 초머리	丨	十	艹	艹		
虍 범무늬 호	丨	卜	广	卢	卢	虍
虫 벌레 충	丨	口	口	中	虫	虫
血 피 혈	丿	亠	血	血	血	血
行 다닐 행	丿	彳	彳	彳	行	行
衣 옷 의	丶	亠	ナ	亣	衣	衣
衤 옷의 변	丶	亠	衤	衤	衤	
襾 덮을 아	一	襾	襾	襾	襾	

■ 7획

見 볼 견	丨	冂	日	目	貝	見
角 뿔 각	丿	勹	角	角	角	角
言 말씀 언	一	二	三	言	言	言
谷 골 곡	丿	八	公	公	谷	谷
豆 콩 두	一	二	口	豆	豆	豆
豕 돼지 시	一	丆	豕	豕	豕	豕
豸 사나운 짐승 치	丿	豸	豸	豸	豸	豸
貝 조개 패	丨	冂	日	目	貝	貝
赤 붉을 적	一	十	土	赤	赤	赤
走 달릴 주	一	十	土	丰	走	走
足 발 족	丨	口	口	足	足	足
𧾷 발족 변	丨	口	口	𧾷	𧾷	𧾷
身 몸 신	丿	亻	勹	身	身	身
車 수레 차	一	二	亓	亘	亘	車
辛 매울 신	丶	亠	立	立	辛	辛
辰 별 진	一	厂	辰	辰	辰	辰
辵 갈 착	丿	𠂊	彡	乎	辵	辵

■ 7획

辶 갈착받침	丶	丶丶	㇇	辶			
邑 고을 읍	丨	冂	口	吕	吕	吕	邑
阝 고을 읍 방	㇇	㇌	阝				
酉 술 유	一	厂	丆	丙	西	西	酉
釆 분별할 변	一	㇏	㇀	㞢	平	平	釆
里 마을 리	丨	冂	曰	曰	甲	甲	里

■ 8획

金 쇠 금	丿	人	亼	亽	仐	仝	金	金
長 긴 장	丨	厂	ㄇ	ㅌ	镸	镸	長
門 문 문	丨	冂	冃	冃	門	門	門
阜 언덕 부	㇀	亻	㠯	户	白	自	阜
阝 언덕 부 변	㇇	㇌	阝				
隶 미칠 체	㇇	ㄱ	ㅋ	肀	肀	肀	隶
隹 새 추	丿	亻	亻	仆	件	隹	隹
雨 비 우	一	厂	丙	而	雨	雨	雨
青 푸를 청	一	十	丰	青	靑	青	青
非 아닐 비	丿	刁	扌	扌	非	非	非

■ 9획

面 낯 면	一	丆	厂	丙	面	面	面	面
革 가죽 혁	一	十	廿	廿	甘	甘	革
韋 다룸가죽 위	丿	十	吉	吉	声	韋	韋
韭 부추 구	丨	十	㓞	ㅕ	非	非	非	韭
音 소리 음	丶	亠	二	立	产	产	音	音
頁 머리 혈	一	丆	厂	丙	百	百	頁	頁
風 바람 풍	丿	几	几	凡	凤	風	風	風

14

飛 날 비	乛	乙	飞	飞	飞	飛	飛	飛	飛
食 밥 식	丿	人	亽	今	今	今	食	食	食
首 머리 수	丶	䒑	䒑	产	产	首	首	首	首
香 향기 향	一	二	千	千	禾	禾	香	香	香

■ 10획

馬 말 마	丨	厂	厂	匡	匡	馬	馬	馬	馬
骨 뼈 골	丨	冂	冂	冎	冎	骨	骨	骨	骨
高 높을 고	丶	亠	亠	亠	声	高	高	高	高
髟 털늘어질 표	丨	厂	斤	斤	長	長	髟	髟	髟
鬥 싸움 투	丨	厂	厂	匡	匡	匡	鬥	鬥	鬥
鬯 기장술 창	丿	乂	乂	爻	爻	凶	鬯	鬯	鬯
鬲 오지병 격	一	一	亠	亠	声	鬲	鬲	鬲	鬲
鬼 귀신 귀	丿	冂	冂	由	由	甲	鬼	鬼	鬼

■ 11획

魚 고기 어	丿	𠂊	仵	仵	角	角	魚	魚	魚
鳥 새 조	丿	厂	户	户	鸟	鳥	鳥	鳥	鳥
鹵 소금밭 로	丿	亠	亠	门	肉	鹵	鹵	鹵	鹵
鹿 사슴 록	丶	亠	广	广	声	声	鹿	鹿	鹿
麥 보리 맥	一	十	十	艹	艹	來	來	麥	麥
麻 삼 마	丶	亠	广	广	庁	庐	麻	麻	麻

■ 12획

黃 누를 황	一	十	卄	卄	苎	芇	黃	黃	黃	黃
黍 기장 서	一	二	千	千	禾	禾	黍	黍	黍	黍
黹 바느질할 치	丨	丷	丷	半	半	岑	峕	黹	黹
黑 검을 흑	丨	冂	冂	甲	甲	里	黑	黑	黑

부수필순

■ 13획

黽 맹꽁이 맹	丨	冂	冂	冃	甲	黾	黾	黾	黾	黾	黽	黽
鼎 솥 정	丨	冂	冂	月	目	目	鼎	鼎	鼎	鼎	鼎	鼎
鼓 북 고	一	十	土	士	吉	吉	吉	壴	壴	壴	鼓	鼓
鼠 쥐 서	丶	丆	臼	臼	臼	臼	鼠	鼠	鼠	鼠	鼠	鼠

■ 14획

鼻 코 비	丶	丨	冂	自	自	自	鼻	鼻	鼻	鼻	鼻	鼻
	鼻											
齊 가지런할 제	丶	亠	亠	亠	齊	齊	齊	齊	齊	齊	齊	齊
	齊											

■ 15획

| 齒 이 치 | 丨 | 丄 | 止 | 止 | 止 | 齒 | 齒 | 齒 | 齒 | 齒 | 齒 |
| | 齒 | 齒 | | | | | | | | | |

■ 16획

龍 용 룡	丶	亠	立	立	产	音	音	育	育	龍	龍	龍
	龍	龍	龍									
龜 거북 귀	丿	勹	勹	龜	龜	龜	龜	龜	龜	龜	龜	龜
	龜	龜	龜									

■ 17획

龠 피리 약	丿	人	亼	亼	侖	侖	侖	龠	龠	龠	龠	龠
	龠	龠	龠	龠								
肅 엄숙할 숙	𠃍	彐	聿	聿	聿	聿	肅	肅	肅	肅	肅	肅

김영준 漢字 교실
(汉字)

6급

반 달

윤극영 요
윤극영 곡

푸 른하 늘 은 — 하수 　 하 얀쪽 배 엔 —
각 각각 에 스스로자 　 各 - 自이 고 요 —
느 낄감 에 법도도는 　 感 - 度이 고 요 —
열 - 개 에 배울학은 　 開 - 學이 고 요 —

계 수나 무 한 — 나무 　 토 끼한 마 리 —
세 - 계 의 여러나라 　 各 國입 - 니 다 —
깊 이느 껴 마음이움직임 感 動입 - 니 다 —
학 교세 워 문여는것 　 開 校입 - 니 다 —

돛 대도 아 니 달고 　 삿 대도 없 이 —
뿔 - 각 에 법도도는 　 角 度이 고 요 —
강 할강 에 힘력은 　 强 力이 고 요 —
있 을재 에 서울경은 　 在 京이 고 요 —

가 기도 잘 도간 다 서 — 쪽나 라 로 —
네 모지 게 깎은나무 角 - 木입 니 다 —
세 - 력 이 강한나라 强 - 國입 니 다 —
서 - 울 로 올라옴 - 上 - 京입 니 다 —

※ '한국음악저작권협회' 로부터 사용승인 받음

6급 배정 漢字 200자 훈(뜻)음 표
(汉字)

※ 한자 노트를 이용하여 ①각각각~쌀미까지 漢字의 훈음을 먼저 쓰고 ②책을 보지 않고도 漢字를 쓸 수 있도록 학습한다.

各	角 角	感	强	开 開
각각 각	뿔 각	느낄 감	강할 강	열 개
京	界	计 計	古	苦 苦
서울 경	지경 계	셀 계	예 고	쓸 고
高	功	公	共	果
높을 고	공 공	공평할 공	한가지 공	실과 과
科	光	交	区 區	球
과목 과	빛 광	사귈 교	구분할 구	공 구/옥경 구
郡	近 近	根	今	急
고을 군	가까울 근	뿌리 근	이제 금	급할 급
级 級	多	短	堂	代
등급 급	많을 다	짧을 단	집 당	대신 대
待	对 對	度	图 圖	读 讀
기다릴 대	대할 대	법도 도/헤아릴 탁	그림 도	읽을 독/구절 두
童	头 頭	等	乐 樂	例
아이 동	머리 두	무리 등	즐길 락/노래 악	법식 례
礼 禮	路	绿 綠	利	李
예도 례	길 로	푸를 록	이할 리	오얏 리/성 리
理	明	目	闻 聞	米
다스릴 리	밝을 명	눈 목	들을 문	쌀 미

6급

◆ 점검 6급 배정 漢字 (汉字) 200자 소리 내어 읽기

各	角	感	强	开
京	界	计	古	苦
高	功	公	共	果
科	光	交	区	球
郡	近	根	今	急
级	多	短	堂	代
待	对	度	图	读
童	头	等	乐	例
礼	路	绿	利	李
理	明	目	闻	米

6급 배정 漢字 250자 훈(뜻)음 표
(汉字)

※ 한자 노트를 이용하여 ①아름다울미~따뜻할온까지 漢字의 훈음을 먼저 쓰고 ②책을 보지 않고도 漢字를 쓸 수 있도록 학습한다.

美	朴	反	半 半	班
아름다울 미	성 박	돌이킬 반/돌아올 반	반 반	나눌 반
发 發	放	番	別	病
필 발	놓을 방	차례 번	다를 별/나눌 별	병 병
服	本	部	分	死
옷 복	근본 본	떼 부	나눌 분	죽을 사
使	社 社	书 書	石	席
부릴 사/하여금 사	모일 사	글 서	돌 석	자리 석
线 線	雪	成	省	消
줄 선	눈 설	이룰 성	살필 성/덜 생	사라질 소
速 速	孙 孫	树 樹	术 術	习 習
빠를 속	손자 손	나무 수	재주 술	익힐 습
胜 勝	始	式	身	信
이길 승	비로소 시	법 식	몸 신	믿을 신
神 神	新	失	爱 愛	夜
귀신 신	새 신	잃을 실	사랑 애	밤 야
野	弱 弱	药 藥	洋	阳 陽
들 야	약할 약	약 약	큰바다 양	볕 양
言	业 業	永	英 英	温 溫
말씀 언	업 업	길 영	꽃부리 영	따뜻할 온

◆ 점검 6급 배정 漢字(汉字) 250자 소리 내어 읽기

美	朴	反	半	班
发	放	番	别	病
服	本	部	分	死
使	社	书	石	席
线	雪	成	省	消
速	孙	树	术	习
胜	始	式	身	信
神	新	失	爱	夜
野	弱	药	洋	阳
言	业	永	英	温

6급 배정 漢字 300자 훈(뜻)음표
(汉字)

※ 한자 노트를 이용하여 ①쓸용~가르칠훈까지 漢字의 훈음을 먼저 쓰고 ②책을 보지 않고도 漢字를 쓸 수 있도록 학습한다.

用	勇	运 運	园 園	远 遠
쓸 용	날랠 용	옮길 운	동산 원	멀 원
由	油	银 銀	音	饮 飮
말미암을 유	기름 유	은 은	소리 음	마실 음
衣	意	医 醫	者 者	作
옷 의	뜻 의	의원 의	놈 자	지을 작
昨	章	才	在	战 戰
어제 작	글 장	재주 재	있을 재	싸움 전
定	庭	第	题 題	朝
정할 정	뜰 정	차례 제	제목 제	아침 조
族	注	昼 晝	集	窗 窓
겨레 족	부을 주	낮 주	모을 집	창 창
清 淸	体 體	亲 親	太	通 通
맑을 청	몸 체	친할 친	클 태	통할 통
特	表	风 風	合	行
특별할 특	겉 표	바람 풍	합할 합	다닐 행/항렬 항
幸	向	现 現	形	号 號
다행 행	향할 향	나타날 현	모양 형	이름 호
和	画 畵	黄 黃	会 會	训 訓
화할 화	그림 화	누를 황	모일 회	가르칠 훈

6급

◆ 점검 6급 배정 漢字 300자 소리 내어 읽기
(汉字)

用	勇	运	园	远
由	油	银	音	饮
衣	意	医	者	作
昨	章	才	在	战
定	庭	第	题	朝
族	注	昼	集	窗
清	体	亲	太	通
特	表	风	合	行
幸	向	现	形	号
和	画	黄	会	训

◈ **본문 학습 방법**

1. 먼저 「훈음쓰기」와 「漢字쓰기」를 한 다음
2. 아래와 같이 ①반드시 훈(뜻)음을 먼저 읽고
   　　　　　　 ② 독음을 소리내어 읽는다.
3. 한자노트를 이용하여 본문에 나온 한자어를 훈음과 함께 한 번 이상 쓴다.
4. 동요가락에 맞추어 노래한다.

1. **各** 각각 각에 스스로 자는 **各自**이고요
   　　　　　　　　　　　　　　각각각·스스로자 각자 이고요
   　　세계의 여러 나라 **各國(各国)**입니다.
   　　　　　　　　　　각각각·나라국 각국 입니다

   角 뿔 각에 법도 도는 **角度(角度)**이고요
   　　　　　　　　　　　　　뿔각·법도도 각도 이고요
   　　네모지게 깎은 나무 **角木(角木)**입니다.
   　　　　　　　　　　　　뿔각·나무목 각목 입니다

2. **感** 느낄 감에 법도 도는 **感度**이고요
   　　　　　　　　　　　　　느낄감·법도도 감도 이고요
   　　깊이 느껴 마음이 움직임 **感動(感动)**입니다.
   　　　　　　　　　　　　　　느낄감·움직일동 감동 입니다

   强 강할 강에 힘 력은 **强力**이고요
   　　　　　　　　　　　　강할강·힘력 강력 이고요
   　　세력이 강한 나라 **强國(强国)**입니다.
   　　　　　　　　　　　강할강·나라국 강국 입니다

3. **開** 열 개에 배울 학은 **開學(开学)**이고요
   　　　　　　　　　　　　　열개·배울학 개학 이고요
   　　학교 세워 문 여는 것 **開校(开校)**입니다.
   　　　　　　　　　　　　　열개·학교교 개교 입니다

   京 있을 재에 서울 경은 **在京**이고요
   　　　　　　　　　　　　　있을재·서울경 재경 이고요
   　　시골에서 서울로 올라옴 **上京**입니다.
   　　　　　　　　　　　　　 윗상·서울경 상경 입니다

6급

◆ 점검 읽는 요령

1. 본문학습방법과 같이 ①반드시 훈(뜻)음을 먼저 읽고
   ②독음을 소리내어 읽는다.
2. 아래와 같이 시를 낭송하듯이 소리 내어 읽는다.
3. 점검 「배정한자 소리내어 읽기」를 한다.

1. **各** 各에 自는 各自이고요
   각각각 스스로자 각 자
   세계의 여러 나라 各国입니다.
   　　　　　　　　　각 국

   角 角에 度는 角度이고요
   뿔각 법도도 각 도
   네모지게 깎은 나무 角木입니다.
   　　　　　　　　　 각 목

2. **感** 感에 度는 感度이고요
   느낄감 법도도 감 도
   깊이 느껴 마음이 움직임 感动입니다.
   　　　　　　　　　　　 감 동

   强 强에 力은 强力이고요
   강할강 힘력 강 력
   세력이 강한 나라 强国입니다.
   　　　　　　　　 강 국

3. **開** 開에 學은 开学이고요
   열개 배울학 개 학
   학교 세워 문 여는 것 开校입니다.
   　　　　　　　　　　 개 교

   京 在에 京은 在京이고요
   있을재 서울경 재 경
   시골에서 서울로 올라옴 上京입니다.
   　　　　　　　　　　　상 경

6급 제1장

156 字

1. **各** 각각 각에 스스로 자는 **各自**이고요
   세계의 여러 나라 **各國**(各国)입니다.
   각 국

   角 뿔 각에 법도 도는 **角度**(角度)이고요
   네모지게 깎은 나무 **角木**(角木)입니다.
   각 목

2. **感** 느낄 감에 법도 도는 **感度**이고요
   깊이 느껴 마음이 움직임 **感動**(感动)입니다.
   감 동

   强 강할 강에 힘 력은 **强力**(强力)이고요
   세력이 강한 나라 **强國**(强国)입니다.
   강 국

3. **開** 열 개에 배울 학은 **開學**(开学)이고요
   학교 세워 문 여는 것 **開校**(开校)입니다.
   개 교

   京 있을 재에 서울 경은 **在京**이고요
   시골에서 서울로 올라옴 **上京**입니다.
   상 경

6급

◆ 점검   6급 제 1 장

1. **各** 各에 自는 各自이고요
   세계의 여러 나라 各国입니다.

   角 角에 度는 角度이고요
   네모지게 깎은 나무 角木입니다.

2. **感** 感에 度는 感度이고요
   깊이 느껴 마음이 움직임 感动입니다.

   强 强에 力은 强力이고요
   세력이 강한 나라 强国입니다.

3. **開** 開에 學은 开学이고요
   학교 세워 문 여는 것 开校입니다.

   京 在에 京은 在京이고요
   시골에서 서울로 올라옴 上京입니다.

6급 제1장

1. **各** 각각 각에 스스로 자는 各自이고요
   세계의 여러 나라 各國(各国)입니다.
   각 국

   角 뿔 각에 법도 도는 角度(角度)이고요
   네모지게 깎은 나무 角木(角木)입니다.
   각 목

2. **感** 느낄 감에 법도 도는 感度이고요
   깊이 느껴 마음이 움직임 感動(感动)입니다.
   감 동

   强 강할 강에 힘 력은 强力(强力)이고요
   세력이 강한 나라 强國(强国)입니다.
   강 국

3. **開** 열 개에 배울 학은 開學(开学)이고요
   학교 세워 문 여는 것 開校(开校)입니다.
   개 교

   京 있을 재에 서울 경은 在京이고요
   시골에서 서울로 올라옴 上京입니다.
   상 경

◆ 점검   6급 제1장

1. **各** 各에 自는 各自이고요
   세계의 여러 나라 各国입니다.

   角 角에 度는 角度이고요
   네모지게 깎은 나무 角木입니다.

2. **感** 感에 度는 感度이고요
   깊이 느껴 마음이 움직임 感动입니다.

   强 强에 力은 强力이고요
   세력이 강한 나라 强国입니다.

3. **開** 開에 學은 开学이고요
   학교 세워 문 여는 것 开校입니다.

   京 在에 京은 在京이고요
   시골에서 서울로 올라옴 上京입니다.

6급 제 2 장

162 字

1. **界** 인간 세에 지경 계는 **世界**이고요
   사회의 여러 분야 **各界**입니다.
   　　　　　　　　　각 계

   計 셀 계에 셈 산은 **計算**(计算)이고요
   집안살림의 수입지출 **家計**(家计)입니다.
   　　　　　　　　　　　가 계

2. **古** 예 고에 이제 금은 **古今**이고요
   옛날에 쓰던 헌 물건 **古物**입니다.
   　　　　　　　　　고 물

   苦 쓸 고에 날 생은 **苦生**이고요
   고생하며 배우는 것 **苦學**(苦学)입니다.
   　　　　　　　　　　고 학

3. **高** 높을 고에 속도 속은 **高速**(高速)입니다.
   높은 등급은 **高級**(高级)이고요
   　　　　　　고 급

   功 이룰 성에 공 공은 **成功** 이고요
   공을 세워 알려진 이름 **功名**입니다.
   　　　　　　　　　　　공 명

6급

◆ 점검　　6급 제 2 장

1. **界**　世에 界는 世界이고요
　　　사회의 여러 분야 各界입니다.

　 計　計에 算은 计算이고요
　　　집안살림의 수입지출 家计입니다.

2. **古**　古에 今은 古今이고요
　　　옛날에 쓰던 헌 물건 古物입니다.

　 苦　苦에 生은 苦生이고요
　　　고생하며 배우는 것 苦学입니다.

3. **高**　높을 고에 속도 속은 **高速**(高速)입니다.
　　　높은 등급은 **高級**(高级)이고요

　 功　成에 功은 成功이고요
　　　공을 세워 알려진 이름 功名입니다.

6급 제 3 장

1. **公** 공평할 공에 동산 원은 公園(公园)이고요
   공평하고 올바른 것 公正입니다.
   공 정

   共 한가지 공에 쓸 용은 共用이고요
   두 사람 이상이 일을 같이함 共同입니다.
   공 동

2. **果** 실과 과에 나무 수는 果樹(果树)이고요
   이룰 성에 실과 과는 成果입니다.
   성 과

   科 과목 과에 배울 학은 科學(科学)이고요
   학문의 과목은 學科(学科)입니다.
   학 과

3. **光** 빛 광에 밝을 명은 光明이고요
   햇빛은 日光입니다.
   일 광

   交 사귈 교에 통할 통은 交通(交通)이고요
   사귈 교에 대신 대는 交代입니다.
   교 대

◆ 점검   6급 제 3 장

1. **公** 公에 園은 公園이고요
    공평하고 올바른 것 公正입니다.

   共 共에 用은 共用이고요
    두 사람 이상이 일을 같이함 共同입니다.

2. **果** 果에 樹는 果樹이고요
    이룰 성에 **실과 과**는 成果입니다.

   科 科에 學은 科學이고요
    학문의 과목은 學科입니다.

3. **光** 光에 明은 光明이고요
    햇빛은 日光입니다.

   交 交에 通은 交通이고요
    사귈 교에 **대신 대**는 交代입니다.

6급 제4장

1. **區** 구분할 구에 나눌 분은 **區分**(区分)이고요
   구분할 구에 다를 별은 **區別**(区别)입니다.
   구 별

   球 들 야에 공 구는 **野球**이고요
   인류가 살고 있는 땅 **地球**입니다.
   지 구

2. **郡** 고을 군에 고을 읍은 **郡邑**이고요
   같은 군에 사는 주민 **郡民**입니다.
   군 민

   近 가까울 근에 올 래는 **近來**(近来)이고요
   뭍에서 가까운 바다 **近海**(近海)입니다.
   근 해

3. **根** 풀 초에 뿌리 근은 **草根**이고요
   뿌리 근에 근본 본은 **根本**입니다.
   근 본

   今 이제 금에 해 년은 **今年**이고요
   오늘은 **今日**입니다.
   금 일

◆ 점검　　　　　6급 제 4 장

1. **區**　區에 分은 区分이고요
   구분할 구에 **다를 별**은 区別입니다.

   球　野에 球는 野球이고요
   인류가 살고 있는 땅 地球입니다.

2. **郡**　郡에 邑은 郡邑이고요
   같은 군에 사는 주민 郡民입니다.

   近　近에 來는 近来이고요
   뭍에서 가까운 바다 近海입니다.

3. **根**　草에 根은 草根이고요
   뿌리 근에 **근본 본**은 根本입니다.

   今　今에 年은 今年이고요
   오늘은 今日입니다.

6급 제 5 장

1. **急** 특별할 특에 급할 급은 **特急**이고요
   급할 급에 다닐 행은 **急行**입니다.
   　　　　　　　　　　　　급 행
   級 등급 급에 셈 수는 **級數**(级数)이고요
   첫째의 등급은 **一級**(一级)입니다.
   　　　　　　　　일 급

2. **多** 많을 다에 다행 행은 **多幸**이고요
   많은 수효는 **多數**(多数)입니다.
   　　　　　　　　다 수
   短 짧을 단에 노래 가는 **短歌**이고요
   길지 않고 짧은 글월 **短文**입니다.
   　　　　　　　　　　단 문

3. **堂** 글 서에 집 당은 **書堂**(书堂)이고요
   밥을 파는 음식점 **食堂**입니다.
   　　　　　　　　　식 당
   代 대신 대에 행할 행은 **代行**이고요
   값으로 치르는 돈 **代金**입니다.
   　　　　　　　　　대 금

◆ 점검

6급 제5장

1. **急** 特에 急은 特急이고요
   급할 급에 다닐 행은 急行입니다.

   級 級에 數는 级数이고요
   첫째의 등급은 一级입니다.

2. **多** 多에 幸은 多幸이고요
   많은 수효는 多数입니다.

   短 短에 歌는 短歌이고요
   길지 않고 짧은 글월 短文입니다.

3. **堂** 書에 堂은 书堂이고요
   밥을 파는 음식점 食堂입니다.

   代 代에 行은 代行이고요
   값으로 치르는 돈 代金입니다.

6급 제6장

1. **待** 쓸 고에 **기다릴 대**는 苦待이고요
   명령을 기다림 待命입니다.
   　　　　　　　　대 명

   對 **대할 대**에 **대답 답**은 對答(对答)이고요
   마주보며 말하는 것 對話(对话)입니다.
   　　　　　　　　　　대 화

2. **度** 법도 도에 셈 수는 度數(度数)이고요
   1년 동안의 기간 *年度입니다.
   　　　　　　　연 도

   圖 그림 도에 글 서는 圖書(图书)이고요
   땅표면을 나타낸 그림 地圖(地图)입니다.
   　　　　　　　　　　지 도

3. **讀** 읽을 독에 놈 자는 讀者(读者)이고요
   책을 읽음은 讀書(读书)입니다.
   　　　　　　독 서

   童 아이 동에 말씀 화는 童話(童话)이고요
   어린이의 마음은 童心입니다.
   　　　　　　　　동 심

바르게 읽기 : *年度- 연도

◆ 점검　　　　6급 제6장

1. **待**　苦에 待는 苦待이고요
   　　　명령을 기다림 待命입니다.

   對　對에 答은 对答이고요
   　　　마주보며 말하는 것 对话입니다.

2. **度**　度에 數는 度数 이고요
   　　　1년 동안의 기간 *年度입니다.

   圖　圖에 書는 图书이고요
   　　　땅표면을 나타낸 그림 地图입니다.

3. **讀**　讀에 者는 读者이고요
   　　　책을 읽음은 读书입니다.

   童　童에 話는 童话이고요
   　　　어린이의 마음은 童心입니다.

바르게 읽기 : *年度- 연도

6급 제 7 장

1. **頭** 머리 두에 눈 목은 頭目(头目)이고요
   흰 머리의 높은 산 白頭山(白头山)입니다.
   　　　　　　　　　　　　백 두 산

   等 무리 등에 등급 급은 等級(等级)이고요
   첫째의 등수는 一等입니다.
   　　　　　　　일 등

2. **樂** 쓸 고에 즐길 락은 *苦樂(苦乐)이고요
   소리 음에 노래 악은 *音樂(音乐)입니다.
   　　　　　　　　　　　음 악

   例 법식 례에 글월 문은 *例文이고요
   예사로운 보통의 해 *例年입니다.
   　　　　　　　　　예 년

3. **禮** 예도 례에 법 식은 *禮式(礼式)이고요
   사례의 뜻으로 주는 물건 *禮物(礼物)입니다.
   　　　　　　　　　　　　예 물

   路 길 로에 윗 상은 *路上이고요
   사람과 차가 다니는 길 道路(道路)입니다.
   　　　　　　　　　　　도 로

바르게 읽기 : *苦樂 - 고락　　*音樂 - 음악　　*例文 - 예문
　　　　　　*例年 - 예년　　*禮式 - 예식　　*禮物 - 예물
　　　　　　*路上 - 노상

◆ 점검   6급 제 7장

1. **頭**   頭에 目은 头目이고요
   흰 머리의 높은 산 白头山입니다.

   等   等에 級은 等级이고요
   첫째의 등수는 一等입니다.

2. **樂**   苦에 樂은 *苦乐이고요
   소리 음에 노래 악은 *音乐입니다.

   例   例에 文은 *例文이고요
   예사로운 보통의 해 *例年입니다.

3. **禮**   禮에 式은 *礼式이고요
   사례의 뜻으로 주는 물건 *礼物입니다.

   路   路에 上은 *路上이고요
   사람과 차가 다니는 길 道路입니다.

바르게 읽기 : *苦樂 - 고락   *音樂 - 음악   *例文 - 예문
*例年 - 예년   *禮式 - 예식   *禮物 - 예물
*路上 - 노상

6급 제8장

1. **綠** 푸를 록에 빛 색은 *綠色(绿色)이고요
   草木 많아 푸른 땅 *綠地(绿地)입니다.
   　　　　　　　　　　　녹 지

   利 이길 승에 이할 리는 勝利(胜利)이고요
   편하고 이로운 것 便利입니다.
   　　　　　　　　　편 리

2. **李** 성 리에 성씨 씨는 *李氏이고요
   *오얏꽃은 *李花입니다.
   　　　　　　이 화

   理 다스릴 리에 말미암을 유는 *理由이고요
   일의 이치는 事理입니다.
   　　　　　　사 리

3. **明** 밝을 명에 달 월은 明月이고요
   분명하고 뚜렷함 明白입니다.
   　　　　　　　　명 백

   目 제목 제에 눈 목은 題目(题目)이고요
   지금 당장·눈앞은 目前입니다.
   　　　　　　　　목 전

바르게 읽기 : *綠色 - 녹색   *綠地 - 녹지   *李氏 - 이씨
　　　　　　 *李花 - 이화   *理由 - 이유   *오얏꽃 - 자두꽃

◆ 점검

6급 제 8 장

1. **綠** 綠에 色은 *綠色이고요
   草木 많아 푸른 땅 *綠地입니다.

   利 勝에 利는 勝利이고요
   편하고 이로운 것 便利입니다.

2. **李** 李에 氏는 *李氏이고요
   *오얏꽃은 *李花입니다.

   理 理에 由는 *理由이고요
   일의 이치는 事理입니다.

3. **明** 明에 月은 明月이고요
   분명하고 뚜렷함 明白입니다.

   目 題에 目은 題目이고요
   지금 당장·눈앞은 目前입니다.

바르게 읽기 : *綠色 - 녹색   *綠地 - 녹지   *李氏 - 이씨
            *李花 - 이화   *理由 - 이유   *오얏꽃 - 자두꽃

6급 제8장

1. **綠** 푸를 록에 빛 색은 *綠色(绿色)이고요
   草木 많아 푸른 땅 *綠地(绿地)입니다.
   　　　　　　　　　　녹 지

   利 이길 승에 이할 리는 勝利(胜利)이고요
   편하고 이로운 것 便利입니다.
   　　　　　　　　　편 리

2. **李** 성 리에 성씨 씨는 *李氏이고요
   *오얏꽃은 *李花입니다.
   　　　　　이 화

   理 다스릴 리에 말미암을 유는 *理由이고요
   일의 이치는 事理입니다.
   　　　　　사 리

3. **明** 밝을 명에 달 월은 明月이고요
   분명하고 뚜렷함 明白입니다.
   　　　　　　　　명 백

   目 제목 제에 눈 목은 題目(题目)이고요
   지금 당장·눈앞은 目前입니다.
   　　　　　　　　목 전

바르게 읽기 : *綠色 - 녹색   *綠地 - 녹지   *李氏 - 이씨
　　　　　　*李花 - 이화   *理由 - 이유   *오얏꽃 - 자두꽃

◆ 점검

6급 제 8장

1. **綠** 綠에 色은 *綠色이고요
   草木 많아 푸른 땅 *綠地입니다.

   利 勝에 利는 勝利이고요
   편하고 이로운 것 便利입니다.

2. **李** 李에 氏는 *李氏이고요
   *오얏꽃은 *李花입니다.

   理 理에 由는 *理由이고요
   일의 이치는 事理입니다.

3. **明** 明에 月은 明月이고요
   분명하고 뚜렷함 明白입니다.

   目 題에 目은 題目이고요
   지금 당장·눈앞은 目前입니다.

바르게 읽기 : *綠色 - 녹색   *綠地 - 녹지   *李氏 - 이씨
　　　　　　*李花 - 이화   *理由 - 이유   *오얏꽃 - 자두꽃

6급 제8장

1. **綠** 푸를 록에 빛 색은 *綠色(绿色)이고요
   草木 많아 푸른 땅 *綠地(绿地)입니다.
   　　　　　　　　　　　녹 지

   利 이길 승에 이할 리는 勝利(胜利)이고요
   편하고 이로운 것 便利입니다.
   　　　　　　　　　편 리

2. **李** 성 리에 성씨 씨는 *李氏이고요
   *오얏꽃은 *李花입니다.
   　　　　　이 화

   理 다스릴 리에 말미암을 유는 *理由이고요
   일의 이치는 事理입니다.
   　　　　　　사 리

3. **明** 밝을 명에 달 월은 明月이고요
   분명하고 뚜렷함 明白입니다.
   　　　　　　　　명 백

   目 제목 제에 눈 목은 題目(题目)이고요
   지금 당장·눈앞은 目前입니다.
   　　　　　　　　목 전

바르게 읽기 : *綠色 - 녹색　*綠地 - 녹지　*李氏 - 이씨
　　　　　　　*李花 - 이화　*理由 - 이유　*오얏꽃 - 자두꽃

◆ 점검

6급 제8장

1. 綠 　綠에 色은 *綠色이고요
　　　草木 많아 푸른 땅 *綠地입니다.

　 利 　勝에 利는 勝利이고요
　　　편하고 이로운 것 便利입니다.

2. 李 　李에 氏는 *李氏이고요
　　　*오얏꽃은 *李花입니다.

　 理 　理에 由는 *理由이고요
　　　일의 이치는 事理입니다.

3. 明 　明에 月은 明月이고요
　　　분명하고 뚜렷함 明白입니다.

　 目 　題에 目은 題目이고요
　　　지금 당장·눈앞은 目前입니다.

바르게 읽기 : *綠色 - 녹색　*綠地 - 녹지　*李氏 - 이씨
　　　　　　*李花 - 이화　*理由 - 이유　*오얏꽃 - 자두꽃

6급 제 9장

1. **聞** 새 신에 들을 문은 **新聞**(新闻)이고요
    전하여 들리는 말 **所聞**(所闻)입니다.
    　　　　　　　　　　소 문

   米 쌀 미에 마실 음은 **米飮**(米饮)이고요
    희게 쓿은 흰쌀은 **白米**입니다.
    　　　　　　　　백 미

2. **美** 아름다울 미에 나라 국은 **美國**(美国)이고요
    아름다운 여자 **美人**입니다.
    　　　　　　　미 인

   朴 성 박에 성씨 씨는 **朴氏**이고요
    순박할 순에 순박할 박은 **淳朴**입니다.
    　　　　　　　　　　순 박

3. **反** 돌이킬 반에 살필 성은 **反省**이고요
    찬성하지 아니함 **反對**(反对)입니다.
    　　　　　　　　반 대

   半 반 반에 나눌 분은 **半分**이고요
    반달은 **半月**입니다.
    　　　　반 월

◆ 점검   6급 제 9장

1. 聞   新에 聞은 新闻이고요
       전하여 들리는 말 所闻입니다.

   米   米에 飮은 米饮이고요
       희게 쓿은 흰쌀은 白米입니다.

2. 美   美에 國은 美国이고요
       아름다운 여자 美人입니다.

   朴   朴에 氏는 朴氏이고요
       순박할 순에 **순박할 박**은 淳朴입니다.

3. 反   反에 省은 反省이고요
       찬성하지 아니함 反对입니다.

   半   半에 分은 半分이고요
       반달은 半月입니다.

6급 제 10 장

1. **班** 한 일에 **나눌 반**은 **一班**이고요
   그 반의 통솔자 **班長**(班长)입니다.
   반 장

   發 필 발에 **밝을 명**은 **發明**(发明)이고요
   어떤 현상이 일어남 **發生**(发生)입니다.
   발 생

2. **放** 놓을 방에 **배울 학**은 **放學**(放学)이고요
   한꺼번에 내놓음 **放出**입니다.
   방 출

   番 차례 번에 **이름 호**는 **番號**(番号)이고요
   번호 붙여 나눈 땅 **番地**입니다.
   번 지

3. **別** 다를 별에 **이름 명**은 **別名**이고요
   특별히 마련된 방 **別室**입니다.
   별 실

   病 병 병에 **집 실**은 **病室**이고요
   병으로 인한 고통 **病苦**입니다.
   병 고

◆ 점검   6급 제 10 장

1. **班**   一에 班은 一班이고요
           그 반의 통솔자 班长입니다.

   發   發에 明은 发明이고요
           어떤 현상이 일어남 发生입니다.

2. **放**   放에 學은 放学이고요
           한꺼번에 내놓음 放出입니다.

   番   番에 號는 番号이고요
           번호 붙여 나눈 땅 番地입니다.

3. **別**   別에 名은 別名이고요
           특별히 마련된 방 別室입니다.

   病   病에 室은 病室이고요
           병으로 인한 고통 病苦입니다.

6급 제 11 장

1. **服** 큰바다 양에 옷 복은 洋服이고요
   한국의 고유한 의복 韓服(韩服)입니다.
   　　　　　　　　　　　한 복

   本 근본 본에 올 래는 本來(本来)이고요
   주요 내용을 담은 글 本文입니다.
   　　　　　　　　　　본 문

2. **部** 떼 부에 나눌 분은 部分이고요
   상관의 명령에 움직이는 사람 部下입니다.
   　　　　　　　　　　　　　　　부 하

   分 나눌 분에 학교 교는 分校이고요
   뚜렷하고 명확한 것 分明입니다.
   　　　　　　　　　　분 명

3. **死** 병 병에 죽을 사는 病死이고요
   사람의 삶과 죽음 生死입니다.
   　　　　　　　　　생 사

   使 부릴 사에 쓸 용은 使用이고요
   맡겨진 임무는 使命입니다.
   　　　　　　　　사 명

◆ 점검

6급 제 11 장

1. **服** 洋에 服은 洋服이고요
   한국의 고유한 의복 韓服입니다.

   本 本에 來는 本來이고요
   주요 내용을 담은 글 本文입니다.

2. **部** 部에 分은 部分이고요
   상관의 명령에 움직이는 사람 部下입니다.

   分 分에 校는 分校이고요
   뚜렷하고 명확한 것 分明입니다.

3. **死** 病에 死는 病死이고요
   사람의 삶과 죽음 生死입니다.

   使 使에 用은 使用이고요
   맡겨진 임무는 使命입니다.

6급 제 12 장

1. **社** 모일 사에 모일 회는 社會(社会)이고요
   회사의 대표자 社長(社长)입니다.
   _{사 장}

   書 글 서에 믿을 신은 書信(书信)이고요
   기록을 맡아 보는 사람 書記(书记)입니다.
   _{서 기}

2. **石** 돌 석에 기름 유는 石油 이고요
   돌세공 하는 사람 石工입니다.
   _{석 공}

   席 날 출에 자리 석은 出席이고요
   서서 타고 가는 자리 *立席입니다.
   _{입 석}

3. **線** 빛 광에 줄 선은 光線(光线)이고요
   전류가 통하도록 만든 전깃줄 電線(电线)입니다.
   _{전 선}

   雪 흰 백에 눈 설은 白雪이고요
   많이 내린 큰눈은 大雪입니다.
   _{대 설}

바르게 읽기 : *立席 - 입석

◆ 점검　　6급 제12장

1. **社**　社에 會는 社会이고요
   회사의 대표자 社长입니다.

   書　書에 信은 书信이고요
   기록을 맡아 보는 사람 书记입니다.

2. **石**　石에 油는 石油 이고요
   돌세공 하는 사람 石工입니다.

   席　出에 席은 出席이고요
   서서 타고 가는 자리 *入席입니다.

3. **線**　光에 線은 光线이고요
   전류가 통하도록 만든 전깃줄 电线입니다.

   雪　白에 雪은 白雪이고요
   많이 내린 큰눈은 大雪입니다.

바르게 읽기 : *立席 - 입석

6급 제13장

1. **成** 이룰 성에 일 사는 成事이고요
   사물이 이루어짐 成立입니다.
   성 립

   省 돌이킬 반에 살필 성은 反省이고요
   스스로를 반성함 自省입니다.
   자 성

2. **消** 사라질 소에 잃을 실은 消失이고요
   불을 끔은 消火입니다.
   소 화

   速 급할 급에 빠를 속은 急速(急速)이고요
   빨리 이루어지는 것 速成(速成)입니다.
   속 성

3. **孫** 뒤 후에 손자 손은 後孫(后孙)이고요
   아들의 아들 孫子(孙子)입니다.
   손 자

   樹 나무 수에 나무 목은 樹木(树木)이고요
   정부등을 세우는 것 樹立(树立)입니다.
   수 립

◆ 점검

6급 제 13 장

1. **成** 成에 事는 成事이고요
   사물이 이루어짐 成立입니다.

   省 反에 省은 反省이고요
   스스로를 반성함 自省입니다.

2. **消** 消에 失은 消失이고요
   불을 끔은 消火입니다.

   速 急에 速은 急速이고요
   빨리 이루어지는 것 速成입니다.

3. **孫** 後에 孫은 后孙이고요
   아들의 아들 孙子입니다.

   樹 樹에 木은 树木이고요
   정부등을 세우는 것 树立입니다.

6급 제14장

1. **術** 손 수에 재주 술은 **手術**(手术)이고요
   美를 표현한 예술 **美術**(美术)입니다.
   　　　　　　　　　　　미 술

   習 스스로 자에 익힐 습은 **自習**(自习)이고요
   배우고 익히는 것 **學習**(学习)입니다.
   　　　　　　　　　　학 습

2. **勝** 이길 승에 이할 리는 **勝利**(胜利)이고요
   싸움에 이기는 것 **勝戰**(胜战)입니다.
   　　　　　　　　　승 전

   始 비로소 시에 지을 작은 **始作**이고요
   움직이기 시작함 **始動**(始动)입니다.
   　　　　　　　　시 동

3. **式** 새 신에 법 식은 **新式**이고요
   올바른 방식은 **正式**입니다.
   　　　　　　　정 식

   身 스스로 자에 몸 신은 **自身**이고요
   사회적인 지위는 **身分**입니다.
   　　　　　　　　신 분

◆ 점검

6급 제14장

1. **術** 手에 術은 手术이고요
   美를 표현한 예술 美术입니다.

   習 自에 習은 自习이고요
   배우고 익히는 것 学习입니다.

2. **勝** 勝에 利는 胜利이고요
   싸움에 이기는 것 胜战입니다.

   始 始에 作은 始作이고요
   움직이기 시작함 始动입니다.

3. **式** 新에 式은 新式이고요
   올바른 방식은 正式입니다.

   身 自에 身은 自身이고요
   사회적인 지위는 身分입니다.

6급 제 15 장

1. **信** 믿을 신에 쓸 용은 **信用**이고요
   자기를 믿는 마음 **自信**입니다.
   　　　　　　　　　자 신

   神 귀신 신에 통할 통은 **神通**(神通)이고요
   재주와 슬기가 썩 뛰어난 아이 **神童**(神童)입니다.
   　　　　　　　　　　　　　　　　신 동

2. **新** 새 신에 사람 인은 **新人**이고요
   새로 생겨 나온 것 **新生**입니다.
   　　　　　　　　　신 생

   失 잃을 실에 손 수는 **失手**이고요
   잃어버린 물건은 **失物**입니다.
   　　　　　　　　실 물

3. **愛** 사랑 애에 쓸 용은 **愛用**(愛用)이고요
   자기 나라를 사랑함 **愛國**(愛国)입니다.
   　　　　　　　　　　　애 국

   夜 밤 야에 다닐 행은 **夜行**이고요
   해가 져서 뜰 때까지 **夜間**(夜间)입니다.
   　　　　　　　　　　야 간

◆ 점검

6급 제 15 장

1. **信** 信에 用은 信用이고요
   자기를 믿는 마음 自信입니다.

   神 神에 通은 神通이고요
   재주와 슬기가 썩 뛰어난 아이 神童입니다.

2. **新** 新에 人은 新人이고요
   새로 생겨 나온 것 新生입니다.

   失 失에 手는 失手이고요
   잃어버린 물건은 失物입니다.

3. **愛** 愛에 用은 愛用이고요
   자기 나라를 사랑함 愛国입니다.

   夜 夜에 行은 夜行이고요
   해가 져서 뜰 때까지 夜間입니다.

6급 제16장

1. **野** 들 **야**에 날 **생**은 **野生**이고요
   집밖의 들판은 **野外**입니다.
   　　　　　　　　　　야 외

   弱 약할 **약**에 작을 **소**는 **弱小**(弱小)이고요
   强者의 반대말 **弱者**(弱者)입니다.
   　강 자　　　　　　　약 자

2. **藥** 약 **약**에 물 **수**는 **藥水**(药水)이고요
   약으로 쓰이는 풀 **藥草**(药草)입니다.
   　　　　　　　　　　　약 초

   洋 바다 **해**에 큰바다 **양**은 **海洋**이고요
   東洋(东洋)의 반대말 **西洋**입니다.
   　동 양　　　　　　　서 양

3. **陽** 볕 **양**에 따 **지**는 **陽地**(阳地)이고요
   해질 무렵은 **夕陽**(夕阳)입니다.
   　　　　　　석 양

   言 말씀 **언**에 행할 **행**은 **言行**이고요
   의견을 말함은 **發言**(发言)입니다.
   　　　　　　　　발 언

◆ 점검

6급 제 16 장

1. **野** 野에 生은 野生이고요
   집밖의 들판은 野外입니다.

   弱 弱에 小는 弱小이고요
   强者의 반대말 弱者입니다.

2. **藥** 藥에 水는 药水이고요
   약으로 쓰이는 풀 药草입니다.

   洋 海에 洋은 海洋이고요
   东洋의 반대말 西洋입니다.

3. **陽** 陽에 地는 阳地이고요
   해질 무렵은 夕阳입니다.

   言 言에 行은 言行이고요
   의견을 말함은 发言입니다.

6급 제 17 장

1. **業** 장인 공에 **업 업**은 **工業**(工业)이고요
   농사 짓는 직업은 **農業**(农业)입니다.
   　　　　　　　　　　　농 업

   永 **길 영**에 **멀 원**은 **永遠**(永远)이고요
   한곳에서 오래 삶 **永住**입니다.
   　　　　　　　　　영 주

2. **英** 꽃부리 영에 재주 재는 **英才**이고요
   여러 나라에서 사용하는 국제어 **英語**(英语)입니다.
   　　　　　　　　　　　　　　　　영 어

   溫 따뜻할 온에 집 실은 **溫室**(溫室)이고요
   덥고 찬 도수는 **溫度**(温度)입니다.
   　　　　　　　온 도

3. **用** 쓸 용에 말씀 어는 **用語**(用语)이고요
   인재를 뽑아씀 **登用**입니다.
   　　　　　　　등 용

   勇 날랠 용에 놈 자는 **勇者**(勇者)이고요
   씩씩하고 굳센기운 **勇氣**(勇气)입니다.
   　　　　　　　　　　용 기

◆ 점검   6급 제 17 장

1. 業   工에 業은 工业이고요
       농사 짓는 직업은 农业입니다.

    永   永에 遠은 永远이고요
       한곳에서 오래 삶 永住입니다.

2. 英   英에 才는 英才이고요
       여러 나라에서 사용하는 국제어 英语입니다.

    溫   溫에 室은 溫室이고요
       덥고 찬 도수는 溫度입니다.

3. 用   用에 語는 用语이고요
       인재를 뽑아씀 登用입니다.

    勇   勇에 者는 勇者이고요
       씩씩하고 굳센 기운 勇气입니다.

6급 제 18 장

1. **運** 다행 행에 옮길 운은 **幸運**(幸运)이고요
   사람이 몸을 움직이는 일 **運動**(运动)입니다.
   운 동
   園 꽃 화에 동산 원은 **花園**(花园)이고요
   動物園(动物园)의 반대말 **植物園**(植物园)입니다.
   동 물 원   식 물 원

2. **遠** 멀 원에 가까울 근은 **遠近**(远近)이고요
   뜻 하는 바 깊고 큰 것 **遠大**(远大)입니다.
   원 대
   由 말미암을 유에 올 래는 **由來**(由来)이고요
   마음대로 하는 것 **自由**입니다.
   자 유

3. **油** 부을 주에 기름 유는 **注油**이고요
   음식 만들 때 쓰는 기름 **食用油**입니다.
   식 용 유
   銀 은 은에 다닐 행은 **銀行**(银行)이고요
   금과 은은 **金銀**(金银)입니다.
   금 은

◆ 점검   6급 제 18 장

1. **運** 幸에 運은 幸运이고요
   사람이 몸을 움직이는 일 运动입니다.

   園 花에 園은 花园이고요
   动物园의 반대말 植物园입니다.

2. **遠** 遠에 近은 远近이고요
   뜻 하는 바 깊고 큰 것 远大입니다.

   由 由에 來는 由来이고요
   마음대로 하는 것 自由입니다.

3. **油** 注에 油는 注油이고요
   음식 만들 때 쓰는 기름 食用油입니다.

   銀 銀에 行은 银行이고요
   금과 은은 金银입니다.

6급 제 19 장

264 字

1. **音** 화할 화에 소리 음은 **和音**이고요
   음악을 연주하여 감상하게 하는 모임 ***音樂會**(音乐会)입니다.
   　　　　　　　　　　　　　　　　　음 악 회

   飮 마실 음에 먹을 식은 **飮食**(饮食)이고요
   밤에 마시는 술 **夜飮**(夜饮)입니다.
   　　　　　　　야 음

2. **衣** 옷 의에 옷 복은 **衣服**이고요
   입을 것과 먹을 것 **衣食**입니다.
   　　　　　　　　　의 식

   意 뜻 의에 향할 향은 **意向**이고요
   하고자하는 마음속의 계획 **意圖**(意图)입니다.
   　　　　　　　　　　　　　의 도

3. **醫** 의원 의에 재주 술은 **醫術**(医术)이고요
   韓醫(韩医)의 반대말 **洋醫**(洋医)입니다.
   　한 의　　　　　　　　양 의

   者 기록할 기에 놈 자는 **記者**(记者)이고요
   학문을 연구하는 사람 **學者**(学者)입니다.
   　　　　　　　　　　　학 자

6급

바르게 읽기 : *音樂會 - 음악회

◆ 점검   6급 제 19 장

1. **音** 和에 音은 和音이고요
       음악을 연주하여 감상하게 하는 모임 *音乐会입니다.

   飮 飮에 食은 饮食이고요
       밤에 마시는 술 夜饮입니다.

2. **衣** 衣에 服은 衣服이고요
       입을 것과 먹을 것 衣食입니다.

   意 意에 向은 意向이고요
       하고자하는 마음속의 계획 意图입니다.

3. **醫** 醫에 術은 医术이고요
       韩医의 반대말 洋医입니다.

   者 記에 者는 记者이고요
       학문을 연구하는 사람 学者입니다.

바르게 읽기 : *音樂會 - 음악회

6급 제 20 장

1. **作** 지을 작에 집 가는 **作家**이고요
   글을 짓는 것 **作文**입니다.
   작 문

   昨 어제 작에 이제 금은 **昨今**이고요
   지난해는 **昨年**입니다.
   작 년

2. **章** 글월 문에 글 장은 **文章**이고요
   개인이나 단체이름 새긴 물건 **圖章**(图章)
   도 장
   입니다.

   才 하늘 천에 재주 재는 **天才**이고요
   재주가 있는 기질 **才氣**(才气)입니다.
   재 기

3. **在** 나타날 현에 있을 재는 **現在**(现在)이고요
   서울에 있는 것 **在京**입니다.
   재 경

   戰 싸움 전에 줄 선은 **戰線**(战线)이고요
   맞붙어 싸우는 것 **交戰**(交战)입니다.
   교 전

◆ 점검

6급 제 20 장

1. **作** 作에 家는 作家이고요
   글을 짓는 것 作文입니다.

   昨 昨에 今은 昨今이고요
   지난해는 昨年입니다.

2. **章** 文에 章은 文章이고요
   개인이나 단체이름 새긴 물건 图章입니다.

   才 天에 才는 天才이고요
   재주가 있는 기질 才气입니다.

3. **在** 現에 在는 现在이고요
   서울에 있는 것 在京입니다.

   戰 戰에 線은 战线이고요
   맞붙어 싸우는 것 交战입니다.

6급 제 21 장

1. **定** 특별할 특에 정할 정은 **特定**이고요
   일을 결정함 **作定**입니다.
   작 정

   庭 집 가에 뜰 정은 **家庭**이고요
   집안의 넓은 뜰 **庭園**(庭园)입니다.
   정 원

2. **第** 차례 제에 한 일은 **第一**이고요
   차례의 두 번째 **第二**입니다.
   제 이

   題 제목 제에 눈 목은 **題目**(题目)이고요
   중심이 되는 문제 **主題**(主题)입니다.
   주 제

3. **朝** 아침 조에 저녁 석은 **朝夕**이고요
   아주 짧은 시일은 **一朝一夕**입니다.
   일 조 일 석

   族 집 가에 겨레 족은 **家族**이고요
   언어·풍습 등이 같은 겨레 **民族**입니다.
   민 족

6급 제 21 장

◆ 점검

1. **定** 特에 定은 特定이고요
   일을 결정함 作定입니다.

   庭 家에 庭은 家庭이고요
   집안의 넓은 뜰 庭園입니다.

2. **第** 第에 一은 第一이고요
   차례의 두 번째 第二입니다.

   題 題에 目은 題目이고요
   중심이 되는 문제 主題입니다.

3. **朝** 朝에 夕은 朝夕이고요
   아주짧은 시일은 一朝一夕입니다.

   族 家에 族은 家族이고요
   언어·풍습 등이 같은 겨레 民族입니다.

6급 제 22 장

1. **注** 부을 주에 뜻 의는 注意이고요
   쏟아 부어 넣는 것 注入입니다.
   　　　　　　　　　　주 입

   晝 낮 주에 밤 야는 晝夜(昼夜)이고요
   夜間(夜间)의 반대말 晝間(昼间)입니다.
   　야 간　　　　　　　주 간

2. **集** 모을 집에 모일 회는 集會(集会)이고요
   한곳으로 모임은 集中입니다.
   　　　　　　　　　집 중

   窓 창 창에 문 문은 窓門(窗门)이고요
   동교 동년 졸업생 同窓(同窗)입니다.
   　　　　　　　　동 창

3. **淸** 맑을 청에 물 수는 淸水(清水)이고요
   깨끗이 셈하는 것 淸算(清算)입니다.
   　　　　　　　　청 산

   體 몸 체에 기를 육은 體育(体育)이고요
   사람의 몸의 온도 體溫(体温)입니다.
   　　　　　　　　체 온

◆ 점검

6급 제 22 장

1. 注 注에 意는 注意이고요
   쏟아 부어 넣는 것 注入입니다.

   晝 晝에 夜는 昼夜이고요
   夜间의 반대말 昼间입니다.

2. 集 集에 會는 集会이고요
   한곳으로 모임은 集中입니다.

   窓 窓에 門은 窗门이고요
   동교 동년 졸업생 同窗입니다.

3. 淸 淸에 水는 清水이고요
   깨끗이 셈하는 것 清算입니다.

   體 體에 育은 体育이고요
   사람의 몸의 온도 体温입니다.

6급 제 23 장

1. **親** 친할 친에 사귈 교는 親交(亲交)이고요
   친하고 사랑함 親愛(亲爱)입니다.
   친 애

   太 클 태에 볕 양은 太陽(太阳)이고요
   아주 먼 옛날 太古입니다.
   태 고

2. **通** 통할 통에 길 로는 通路(通路)이고요
   전화로 주고 받는 말 通話(通话)입니다.
   통 화

   特 특별할 특에 다를 별은 特別이고요
   눈에 띄게 다른 점 特色입니다.
   특 색

3. **表** 겉 표에 나타날 현은 表現(表现)이고요
   거죽으로 드러난 면 表面입니다.
   표 면

   風 바람 풍에 익힐 습은 風習(风习)이고요
   강에서 부는 바람 江風(江风)입니다.
   강 풍

◆ 점검

6급 제 23 장

1. **親** 親에 交는 亲交이고요
   친하고 사랑함 亲愛입니다.

   太 太에 陽은 太阳이고요
   아주 먼 옛날 太古입니다.

2. **通** 通에 路는 通路이고요
   전화로 주고 받는 말 通话입니다.

   特 特에 別은 特別이고요
   눈에 띄게 다른 점 特色입니다.

3. **表** 表에 現은 表现이고요
   거죽으로 드러난 면 表面입니다.

   風 風에 習은 风习이고요
   강에서 부는 바람 江风입니다.

6급 제 24장

1. **合** 합할 합에 뜻 의는 合意이고요
   둘 이상이 함께 한 것 合同입니다.
   _{합 동}

   行 다닐 행에 움직일 동은 行動(行动)이고요
   길을 가는 사람은 行人입니다.
   _{행 인}

2. **幸** 많을 다에 다행 행은 多幸이고요
   복이 되는 좋은 운수 幸運(幸运)입니다.
   _{행 운}

   向 향할 향에 윗 상은 向上이고요
   배움의 길로 향하는 것 向學(向学)입니다.
   _{향 학}

3. **現** 나타날 현에 쇠 금은 現金(现金)이고요
   오늘날의 시대는 現代(现代)입니다.
   _{현 대}

   形 모양 형에 몸 체는 形體(形体)이고요
   일정한 절차나 양식 形式입니다.
   _{형 식}

◆ 점검

6급 제 24 장

1. **合** 合에 意는 合意이고요
   둘 이상이 함께 한 것 合同입니다.

   行 行에 動은 行动이고요
   길을 가는 사람은 行人입니다.

2. **幸** 多에 幸은 多幸이고요
   복이 되는 좋은 운수 幸运입니다.

   向 向에 上은 向上이고요
   배움의 길로 향하는 것 向学입니다.

3. **現** 現에 金은 现金이고요
   오늘날의 시대는 现代입니다.

   形 形에 體는 形体이고요
   일정한 절차나 양식 形式입니다.

6급 제 25 장

1. **號** 믿을 신에 이름 호는 信號(信号)이고요
   차례를 적은 숫자 番號(番号)입니다.
   번 호

   和 따뜻할 온에 화할 화는 溫和(温和)이고요
   전쟁 없이 평온한 것 平和입니다.
   평 화

2. **畵** 그림 화에 집 가는 畵家(画家)이고요
   유명한 그림은 名畵(名画)입니다.
   명 화

   黃 누를 황에 흙 토는 黃土(黄土)이고요
   돈과 재물은 黃金(黄金)입니다.
   황 금

3. **會** 모일 회에 셀 계는 會計(会计)이고요
   같은 목적으로 모이는 것 會同(会同)입니다.
   회 동

   訓 집 가에 가르칠 훈은 家訓(家训)이고요
   회사의 방침은 社訓(社训)입니다.
   사 훈

◆ 점검   **6급 제 25 장**

1. **號** 信에 號는 信号이고요
   차례를 적은 숫자 番号입니다.

   和 溫에 和는 温和이고요
   전쟁 없이 평온한 것 平和입니다.

2. **畵** 畵에 家는 画家이고요
   유명한 그림은 名画입니다.

   黃 黃에 土는 黄土이고요
   돈과 재물은 黄金입니다.

3. **會** 會에 計는 会计이고요
   같은 목적으로 모이는 것 会同입니다.

   訓 家에 訓은 家训이고요
   회사의 방침은 社训입니다.

8급 배정 漢字(한자) 50자 훈(뜻)음 표
(汉字)

※ 한자 노트를 이용하여 한일~나라국까지 漢字의 훈음을 먼저 쓰고 책을 보지 않고도 漢字를 쓸 수 있도록 학습한다.

一	二	三	四	五
한 일	두 이	석 삼	넉 사	다섯 오
六	七	八	九	十
여섯 륙	일곱 칠	여덟 팔	아홉 구	열 십
日	月	火	水	木
날 일	달 월	불 화	물 수	나무 목
金	土	寸	女	王
쇠 금/성 김	흙 토	마디 촌	계집 녀	임금 왕
人	民	山	外	大
사람 인	백성 민	메 산	바깥 외	큰 대
中	小	年	长 長	门 門
가운데 중	작을 소	해 년	긴 장	문 문
青 青	白	父	母	兄
푸를 청	흰 백	아비 부	어미 모	형 형
弟	先	生	教 教	室
아우 제	먼저 선	날 생	가르칠 교	집 실
东 東	西	南	北	学 學
동녘 동	서녘 서	남녘 남	북녘 북	배울 학
校	万 萬	军 軍	韩 韓	国 國
학교 교	일만 만	군사 군	나라 한	나라 국

♣ 혼음 · 점검 ♣

◆ 점검 8급 배정 漢字(한자) 50자 소리 내어 읽기
　　　　　　（汉字）

一	二	三	四	五
六	七	八	九	十
日	月	火	水	木
金	土	寸	女	王
人	民	山	外	大
中	小	年	长	门
青	白	父	母	兄
弟	先	生	教	室
东	西	南	北	学
校	万	军	韩	国

7급 배정 漢字 100자 훈(뜻)음 표
(汉字)

※ 한자 노트를 이용하여 ①집가~저자시까지 漢字의 훈음을 먼저 쓰고 ②책을 보지 않고도 漢字를 쓸 수 있도록 학습한다.

家	歌	间 間	江	车 車
집 가	노래 가	사이 간	강 강	수레 차(거)
工	空	口	记 記	气 氣
장인 공	빌 공	입 구	기록할 기	기운 기
旗	男	内	农 農	答
기 기	사내 남	안 내	농사 농	대답 답
道 道	冬	同	洞	动 動
길 도	겨울 동	한가지 동	골 동/밝을 통	움직일 동
登	来 來	力	老	里
오를 등	올 래	힘 력	늙을 로	마을 리
林	立	每	面	名
수풀 림	설 립	매양 매	낯 면	이름 명
命	文	问 問	物	方
목숨 명	글월 문	물을 문	물건 물	모 방
百	夫	不	事	算
일백 백	지아비 부	아닐 불	일 사	셈 산
上	色	夕	姓	世
윗 상	빛 색	저녁 석	성 성	인간 세
少	所	手	数 數	市
적을 소	바 소	손 수	셈 수	저자 시

7급

♣ 훈음 · 점검 ♣

◆ 점검 7급 배정 漢字 100자 소리 내어 읽기
(汉字)

家	歌	间	江	车
工	空	口	记	气
旗	男	内	农	答
道	冬	同	洞	动
登	来	力	老	里
林	立	每	面	名
命	文	问	物	方
百	夫	不	事	算
上	色	不	姓	世
少	所	手	数	市

7급 배정 漢字 150자 훈(뜻)음 표
(汉字)

※ 한자 노트를 이용하여 ①때 시~쉴 휴까지 漢字의 훈음을 먼저 쓰고 ②책을 보지 않고도 漢字를 쓸 수 있도록 학습한다.

时 (時)	食	植 (植)	心	安
때 시	밥 식/먹을 식	심을 식	마음 심	편안 안
语 (語)	然 (然)	午	右	有
말씀 어	그럴 연	낮 오	오를 우	있을 유
育	邑	入	子	字
기를 육	고을 읍	들 입	아들 자	글자 자
自	场 (場)	全	前	电 (電)
스스로 자	마당 장	온전 전	앞 전	번개 전
正	祖 (祖)	足	左	主
바를 정	할아비 조	발 족	왼 좌	주인 주
住	重	地	纸 (紙)	直 (直)
살 주	무거울 중	따 지	종이 지	곧을 직
川	千	天	草 (草)	村
내 천	일천 천	하늘 천	풀 초	마을 촌
秋	春	出	便	平 (平)
가을 추	봄 춘	날 출	편할 편/똥오줌 변	평평할 평
下	夏	汉 (漢)	海	花 (花)
아래 하	여름 하	한수 한/한나라 한	바다 해	꽃 화
话 (話)	活	孝	后 (後)	休
말씀 화	살 활	효도 효	뒤 후	쉴 휴

7급

◆ 점검 7급 배정 漢字 150자 소리 내어 읽기
(汉字)

时	食	植	心	安
语	然	午	右	有
育	邑	入	子	字
自	场	全	前	电
正	祖	足	左	主
住	重	地	纸	直
川	千	天	草	村
秋	春	出	便	平
下	夏	汉	海	花
话	活	孝	后	休

김영준 漢字 교실
(汉字)

- 훈(뜻)음 쓰기
- 漢字 쓰기

6급 배정 漢字 200자 훈(뜻)음 표
(汉字)

各 각각 각	角 角 뿔 각	感 느낄 감	强 강할 강	开 開 열 개
京 서울 경	界 지경 계	计 計 셀 계	古 예 고	苦 苦 쓸 고
高 높을 고	功 공 공	公 공평할 공	共 한가지 공	果 실과 과
科 과목 과	光 빛 광	交 사귈 교	区 區 구분할 구	球 공 구/옥경 구
郡 고을 군	近 近 가까울 근	根 뿌리 근	今 이제 금	急 급할 급
级 級 등급 급	多 많을 다	短 짧을 단	堂 집 당	代 대신 대
待 기다릴 대	对 對 대할 대	度 법도 도/헤아릴 탁	图 圖 그림 도	读 讀 읽을 독/구절 두
童 아이 동	头 頭 머리 두	等 무리 등	乐 樂 즐길 락/노래 악	例 법식 례
礼 禮 예도 례	路 길 로	绿 綠 푸를 록	利 이할 리	李 오얏 리/성 리
理 다스릴 리	明 밝을 명	目 눈 목	闻 聞 들을 문	米 쌀 미

6급 배정 漢字 200자 훈(뜻)음 쓰기(1회)
(汉字)

● 훈(뜻)음 표를 보고 (예)각각각~열개까지 쓴다. 훈(뜻)음 쓰기(1회)~(5회)까지 반복 학습한다.

各	角 角	感	强	开 開
京	界	计 計	古	苦 苦
高	功	公	共	果
科	光	交	区 區	球
郡	近 近	根	今	急
级 級	多	短	堂	代
待	对 對	度	图 圖	读 讀
童	头 頭	等	乐 樂	例
礼 禮	路	绿 綠	利	李
理	明	目	闻 聞	米

※ 1일 5자~10자씩 익힌다.

6급 배정 漢字 200자 훈(뜻)음 쓰기(2회)
(汉字)

● 훈(뜻)음 표를 보고 (예)각각~열개까지 쓴다. 훈(뜻)음 쓰기(1회)~(5회)까지 반복 학습한다.

各	角 角	感	强	开 開
京	界	计 計	古	苦 苦
高	功	公	共	果
科	光	交	区 區	球
郡	近 近	根	今	急
级 級	多	短	堂	代
待	对 對	度	图 圖	读 讀
童	头 頭	等	乐 樂	例
礼 禮	路	绿 綠	利	李
理	明	目	闻 聞	米

6급 배정 漢字 200자 훈(뜻)음 쓰기(3회)
(汉字)

● 훈(뜻)음 표를 보고 (예)각각각~열 개까지 쓴다. 훈(뜻)음 쓰기(1회)~(5회)까지 반복 학습한다.

各	角 角	感	强	开 開
京	界	计 計	古	苦 苦
高	功	公	共	果
科	光	交	区 區	球
郡	近 近	根	今	急
级 級	多	短	堂	代
待	对 對	度	图 圖	读 讀
童	头 頭	等	乐 樂	例
礼 禮	路	绿 綠	利	李
理	明	目	闻 聞	米

6급 배정 漢字 200자 훈(뜻)음 쓰기(4회)
(汉字)

※ 1일 5자~10자씩 익힌다.

● 훈(뜻)음 표를 보고 (예)각각각~열 개까지 쓴다. 훈(뜻)음 쓰기(1회)~(5회)까지 반복 학습한다.

各	角 角	感	强	开 開
京	界	计 計	古	苦 苦
高	功	公	共	果
科	光	交	区 區	球
郡	近 近	根	今	急
级 級	多	短	堂	代
待	对 對	度	图 圖	读 讀
童	头 頭	等	乐 樂	例
礼 禮	路	绿 綠	利	李
理	明	目	闻 聞	米

6급 배정 漢字 200자 훈(뜻)음 쓰기(5회)
(汉字)

● 훈(뜻)음 표를 보고 (예)각각각~열 개까지 쓴다. 훈(뜻)음 쓰기(1회)~(5회)까지 반복 학습한다.

各	角 角	感	强	开 開
京	界	计 計	古	苦 苦
高	功	公	共	果
科	光	交	区 區	球
郡	近 近	根	今	急
级 級	多	短	堂	代
待	对 對	度	图 圖	读 讀
童	头 頭	等	乐 樂	例
礼 禮	路	绿 綠	利	李
理	明	目	闻 聞	米

◆ 점검 오늘 배운 漢字의 훈음쓰기(1)
(汉字)

● 오늘 배운 한자의 훈음을 쓰시오.

各	角 角	感	强	开 開
京	界	计 計	古	苦 苦
高	功	公	共	果
科	光	交	区 區	球
郡	近 近	根	今	急
级 級	多	短	堂	代
待	对 對	度	图 圖	读 讀
童	头 頭	等	乐 樂	例
礼 禮	路	绿 綠	利	李
理	明	目	闻 聞	米

 **점검**   오늘 배운 漢字의 훈음쓰기(2)
(汉字)

● 오늘 배운 한자의 훈음을 쓰시오.

各	角 角	感	强	开 開
京	界	计 計	古	苦 苦
高	功	公	共	果
科	光	交	区 區	球
郡	近 近	根	今	急
级 級	多	短	堂	代
待	对 對	度	图 圖	读 讀
童	头 頭	等	乐 樂	例
礼 禮	路	绿 綠	利	李
理	明	目	闻 聞	米

6급 배정 한자 200자 漢字 쓰기(1)
(汉字)

※ 훈(뜻)음을 익힌 후 漢字를 쓴다.

各	角 角	感	强	开 開
각각 각	뿔 각	느낄 감	강할 강	열 개

6급 배정 한자 200자 漢字 쓰기(2)
(汉字)

※ 훈(뜻)음을 익힌 후 漢字를 쓴다.

京	界	計 計	古	苦 苦
서울 경	지경 계	셀 계	예 고	쓸 고

6급 배정 한자 200자 漢字 쓰기(3)
(汉字)

※ 훈(뜻)음을 익힌 후 漢字를 쓴다.

高	功	公	共	果
높을 고	공 공	공평할 공	한가지 공	실과 과

6급 배정 한자 200자 漢字 쓰기(4)
(汉字)

※ 훈(뜻)음을 익힌 후 漢字를 쓴다.

科	光	交	区 區	球
과목 과	빛 광	사귈 교	구분할 구	공 구/옥경 구

6급 배정 한자 200자 漢字 쓰기(5)
(汉字)

※ 훈(뜻)음을 익힌 후 漢字를 쓴다.

郡	近 近	根	今	急
고을 군	가까울 근	뿌리 근	이제 금	급할 급

6급 배정 한자 200자 漢字 쓰기(6)
(汉字)

※ 훈(뜻)음을 익힌 후 漢字를 쓴다.

級 级	多	短	堂	代
등급 급	많을 다	짧을 단	집 당	대신 대

6급 배정 한자 200자 漢字 쓰기(7)
(汉字)

※ 훈(뜻)음을 익힌 후 漢字를 쓴다.

待	对對	度	图圖	读讀
기다릴 대	대할 대	법도 도/헤아릴 탁	그림 도	읽을 독/구절 두

6급 배정 한자 200자 漢字 쓰기(8)
(汉字)

※ 훈(뜻)음을 익힌 후 漢字를 쓴다.

童	头 頭	等	乐 樂	例
아이 동	머리 두	무리 등	즐길 락/노래 악	법식 례

6급 배정 한자 200자 漢字 쓰기(9)
(汉字)

※ 훈(뜻)음을 익힌 후 漢字를 쓴다.

礼 禮	路	绿 綠	利	李
예도 례	길 로	푸를 록	이할 리	오얏 리/성 리

6급 배정 한자 200자 漢字 쓰기(10)
(汉字)

※ 훈(뜻)음을 익힌 후 漢字를 쓴다.

理	明	目	闻 聞	米
다스릴 리	밝을 명	눈 목	들을 문	쌀 미

6급 배정 漢字 250자 훈(뜻)음 표
(汉字)

美	朴	反	半 半	班
아름다울 미	성 박	돌이킬 반/돌아올 반	반 반	나눌 반
发 發	放	番	别	病
필 발	놓을 방	차례 번	다를 별/나눌 별	병 병
服	本	部	分	死
옷 복	근본 본	떼 부	나눌 분	죽을 사
使	社 社	书 書	石	席
부릴 사/하여금 사	모일 사	글 서	돌 석	자리 석
线 線	雪	成	省	消
줄 선	눈 설	이룰 성	살필 성/덜 생	사라질 소
速 速	孙 孫	树 樹	术 術	习 習
빠를 속	손자 손	나무 수	재주 술	익힐 습
胜 勝	始	式	身	信
이길 승	비로소 시	법 식	몸 신	믿을 신
神 神	新	失	爱 愛	夜
귀신 신	새 신	잃을 실	사랑 애	밤 야
野	弱 弱	药 藥	洋	阳 陽
들 야	약할 약	약 약	큰바다 양	볕 양
言	业 業	永	英 英	温 溫
말씀 언	업 업	길 영	꽃부리 영	따뜻할 온

6급 배정 漢字 250자 훈(뜻)음 쓰기(1회)
(汉字)

● 훈(뜻)음 표를 보고 (예)아름다울미~나눌반까지 쓴다. 훈(뜻)음 쓰기(1회)~(5회)까지 반복 학습한다.

美	朴	反	半 半	班
发 發	放	番	別	病
服	本	部	分	死
使	社 社	书 書	石	席
线 線	雪	成	省	消
速 速	孙 孫	树 樹	术 術	习 習
胜 勝	始	式	身	信
神 神	新	失	爱 愛	夜
野	弱 弱	药 藥	洋	阳 陽
言	业 業	永	英 英	温 溫

6급 배정 漢字 250자 훈(뜻)음 쓰기(2회)
(汉字)

● 훈(뜻)음 표를 보고 (예)아름다울미~나눌반까지 쓴다. 훈(뜻)음 쓰기(1회)~(5회)까지 반복 학습한다.

美	朴	反	半 半	班
发 發	放	番	別	病
服	本	部	分	死
使	社 社	书 書	石	席
线 線	雪	成	省	消
速 速	孙 孫	树 樹	术 術	习 習
胜 勝	始	式	身	信
神 神	新	失	爱 愛	夜
野	弱 弱	药 藥	洋	阳 陽
言	业 業	永	英 英	温 溫

※ 1일 5자~10자씩 익힌다.

6급 배정 漢字 250자 훈(뜻)음 쓰기(3회)
(汉字)

● 훈(뜻)음 표를 보고 (예)아름다울미~나눌반까지 쓴다. 훈(뜻)음 쓰기(1회)~(5회)까지 반복 학습한다.

美	朴	反	半 半	班
发 發	放	番	別	病
服	本	部	分	死
使	社 社	书 書	石	席
线 線	雪	成	省	消
速 速	孙 孫	树 樹	术 術	习 習
胜 勝	始	式	身	信
神 神	新	失	爱 愛	夜
野	弱 弱	药 藥	洋	阳 陽
言	业 業	永	英 英	温 溫

6급 배정 漢字 250자 훈(뜻)음 쓰기(4회)
(汉字)

● 훈(뜻)음 표를 보고 (예)아름다울미~나눌반까지 쓴다. 훈(뜻)음 쓰기(1회)~(5회)까지 반복 학습한다.

美	朴	反	半半	班
发發	放	番	別	病
服	本	部	分	死
使	社社	书書	石	席
线線	雪	成	省	消
速速	孙孫	树樹	术術	习習
胜勝	始	式	身	信
神神	新	失	爱愛	夜
野	弱弱	药藥	洋	阳陽
言	业業	永	英英	温溫

※ 1일 5자~10자씩 익힌다.

6급 배정 漢字 250자 훈(뜻)음 쓰기(5회)
(汉字)

● 훈(뜻)음 표를 보고 (예)아름다울미~나눌반까지 쓴다. 훈(뜻)음 쓰기(1회)~(5회)까지 반복 학습한다.

美	朴	反	半半	班
发發	放	番	別	病
服	本	部	分	死
使	社社	书書	石	席
线線	雪	成	省	消
速速	孙孫	树樹	术術	习習
胜勝	始	式	身	信
神神	新	失	爱愛	夜
野	弱弱	药藥	洋	阳陽
言	业業	永	英英	温溫

 점검   오늘 배운 漢字의 훈음쓰기(1)
(汉字)

● 오늘 배운 한자의 훈음을 쓰시오.

美	朴	反	半 半	班
发 發	放	番	别	病
服	本	部	分	死
使	社 社	书 書	石	席
线 線	雪	成	省	消
速 速	孙 孫	树 樹	术 術	习 習
胜 勝	始	式	身	信
神 神	新	失	爱 愛	夜
野	弱 弱	药 藥	洋	阳 陽
言	业 業	永	英 英	温 溫

오늘 배운 漢字의 훈음쓰기(2)
(汉字)

● 오늘 배운 한자의 훈음을 쓰시오.

美	朴	反	半半	班
发發	放	番	別	病
服	本	部	分	死
使	社社	书書	石	席
线線	雪	成	省	消
速速	孙孫	树樹	术術	习習
胜勝	始	式	身	信
神神	新	失	爱愛	夜
野	弱弱	药藥	洋	阳陽
言	业業	永	英英	温溫

110

6급 배정 한자 250자 漢字 쓰기(1)
(汉字)

※ 훈(뜻)음을 익힌 후 漢字를 쓴다.

美	朴	反	半 半	班
아름다울 미	성 박	돌이킬 반/돌아올 반	반 반	나눌 반

6급 배정 한자 250자 漢字 쓰기(2)
(汉字)

※ 훈(뜻)음을 익힌 후 漢字를 쓴다.

发 發	放	番	別	病
필 발	놓을 방	차례 번	다를 별/나눌 별	병 병

6급 배정 한자 250자 漢字 쓰기(3)
(汉字)

※ 훈(뜻)음을 익힌 후 漢字를 쓴다.

服	本	部	分	死
옷 복	근본 본	떼 부	나눌 분	죽을 사

6급 배정 한자 250자 漢字 쓰기(4)
(汉字)

※ 훈(뜻)음을 익힌 후 漢字를 쓴다.

使	社社	书書	石	席
부릴 사/하여금 사	모일 사	글 서	돌 석	자리 석

6급 배정 한자 250자 漢字 쓰기(5)
(汉字)

※ 훈(뜻)음을 익힌 후 漢字를 쓴다.

线 線	雪	成	省	消
줄 선	눈 설	이룰 성	살필 성/덜 생	사라질 소

6급 배정 한자 250자 漢字 쓰기(6)
(汉字)

※ 훈(뜻)음을 익힌 후 漢字를 쓴다.

速 速	孙 孫	树 樹	术 術	习 習
빠를 속	손자 손	나무 수	재주 술	익힐 습

6급 배정 한자 250자 漢字 쓰기(7)
(汉字)

※ 훈(뜻)음을 익힌 후 漢字를 쓴다.

胜勝	始	式	身	信
이길 승	비로소 시	법 식	몸 신	믿을 신

6급 배정 한자 250자 漢字 쓰기(8)
(汉字)

※ 훈(뜻)음을 익힌 후 漢字를 쓴다.

神 神	新	失	愛 愛	夜
귀신 신	새 신	잃을 실	사랑 애	밤 야

6급 배정 한자 250자 漢字 쓰기(9)
(汉字)

※ 훈(뜻)음을 익힌 후 漢字를 쓴다.

野	弱 弱	药 藥	洋	阳 陽
들 야	약할 약	약 약	큰바다 양	볕 양

6급 배정 한자 250자 漢字 쓰기(10)
(汉字)

※ 훈(뜻)음을 익힌 후 漢字를 쓴다.

言	业業	永	英英	温溫
말씀 언	업 업	길 영	꽃부리 영	따뜻할 온

6급 배정 漢字 300자 훈(뜻)음 표
(汉字)

用 쓸 용	勇 날랠 용	运運 옮길 운	园園 동산 원	远遠 멀 원
由 말미암을 유	油 기름 유	银銀 은 은	音 소리 음	饮飲 마실 음
衣 옷 의	意 뜻 의	医醫 의원 의	者者 놈 자	作 지을 작
昨 어제 작	章 글 장	才 재주 재	在 있을 재	战戰 싸움 전
定 정할 정	庭 뜰 정	第 차례 제	题題 제목 제	朝 아침 조
族 겨레 족	注 부을 주	昼晝 낮 주	集 모을 집	窗窓 창 창
清清 맑을 청	体體 몸 체	亲親 친할 친	太 클 태	通通 통할 통
特 특별할 특	表 겉 표	风風 바람 풍	合 합할 합	行 다닐 행/항렬 항
幸 다행 행	向 향할 향	现現 나타날 현	形 모양 형	号號 이름 호
和 화할 화	画畫 그림 화	黄黃 누를 황	会會 모일 회	训訓 가르칠 훈

6급 배정 漢字 300자 훈(뜻)음 쓰기(1회)
(汉字)

● 훈(뜻)음 표를 보고 (예)쓸용~멀원까지 쓴다. 훈(뜻)음 쓰기(1회)~(5회)까지 반복 학습한다.

用	勇	运 運	园 園	远 遠
由	油	银 銀	音	饮 飲
衣	意	医 醫	者 者	作
昨	章	才	在	战 戰
定	庭	第	题 題	朝
族	注	昼 晝	集	窗 窓
清 清	体 體	亲 親	太	通 通
特	表	风 風	合	行
幸	向	现 現	形	号 號
和	画 畵	黄 黃	会 會	训 訓

6급 배정 漢字 300자 훈(뜻)음 쓰기(2회)
(汉字)

※ 1일 5자~10자씩 익힌다.

● 훈(뜻)음 표를 보고 (예)쓸용~멀원까지 쓴다. 훈(뜻)음 쓰기(1회)~(5회)까지 반복 학습한다.

用	勇	运 運	园 園	远 遠
由	油	银 銀	音	饮 飲
衣	意	医 醫	者 者	作
昨	章	才	在	战 戰
定	庭	第	题 題	朝
族	注	昼 晝	集	窗 窓
清 清	体 體	亲 親	太	通 通
特	表	风 風	合	行
幸	向	现 現	形	号 號
和	画 畵	黄 黃	会 會	训 訓

6급 배정 漢字 300자 훈(뜻)음 쓰기(3회)
(汉字)

● 훈(뜻)음 표를 보고 (예)쓸용~멀원까지 쓴다. 훈(뜻)음 쓰기(1회)~(5회)까지 반복 학습한다.

用	勇	运運	园園	远遠
由	油	银銀	音	饮飮
衣	意	医醫	者者	作
昨	章	才	在	战戰
定	庭	第	题題	朝
族	注	昼晝	集	窗窓
清清	体體	亲親	太	通通
特	表	风風	合	行
幸	向	现現	形	号號
和	画畫	黄黃	会會	训訓

6급 배정 漢字 300자 훈(뜻)음 쓰기(4회)
(汉字)

※ 1일 5자~10자씩 익힌다.

● 훈(뜻)음 표를 보고 (예)쓸용~멀원까지 쓴다. 훈(뜻)음 쓰기(1회)~(5회)까지 반복 학습한다.

用	勇	运運	园園	远遠
由	油	银銀	音	饮飲
衣	意	医醫	者者	作
昨	章	才	在	战戰
定	庭	第	题題	朝
族	注	昼晝	集	窗窓
清清	体體	亲親	太	通通
特	表	风風	合	行
幸	向	现現	形	号號
和	画畵	黄黃	会會	训訓

6급 배정 漢字 300자 훈(뜻)음 쓰기(5회)
(汉字)

● 훈(뜻)음 표를 보고 (예)쓸용~멀원까지 쓴다. 훈(뜻)음 쓰기(1회)~(5회)까지 반복 학습한다.

用	勇	运運	园園	远遠
由	油	银銀	音	饮飮
衣	意	医醫	者者	作
昨	章	才	在	战戰
定	庭	第	题題	朝
族	注	昼晝	集	窗窓
清淸	体體	亲親	太	通通
特	表	风風	合	行
幸	向	现現	形	号號
和	画畫	黄黃	会會	训訓

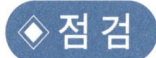 오늘 배운 漢字의 훈음쓰기(1)
(汉字)

● 오늘 배운 한자의 훈음을 쓰시오.

用	勇	运運	园園	远遠
由	油	银銀	音	饮飲
衣	意	医醫	者者	作
昨	章	才	在	战戰
定	庭	第	题題	朝
族	注	昼晝	集	窗窓
清清	体體	亲親	太	通通
特	表	风風	合	行
幸	向	现現	形	号號
和	画畵	黄黃	会會	训訓

◆ 점검　　오늘 배운 漢字의 훈음쓰기(2)
　　　　　　　(汉字)

● 오늘 배운 한자의 훈음을 쓰시오.

用	勇	运運	园園	远遠
由	油	银銀	音	饮飮
衣	意	医醫	者者	作
昨	章	才	在	战戰
定	庭	第	题題	朝
族	注	昼晝	集	窗窓
清淸	体體	亲親	太	通通
特	表	风風	合	行
幸	向	现現	形	号號
和	画畵	黄黃	会會	训訓

128

6급 배정 한자 300자 漢字 쓰기(1)
(汉字)

※ 훈(뜻)음을 익힌 후 漢字를 쓴다.

用	勇	运 運	园 園	远 遠
쓸 용	날랠 용	옮길 운	동산 원	멀 원

6급 배정 한자 300자 漢字 쓰기(2)
(汉字)

※ 훈(뜻)음을 익힌 후 漢字를 쓴다.

由	油	銀 银	音	飮 饮
말미암을 유	기름 유	은 은	소리 음	마실 음

6급 배정 한자 300자 漢字 쓰기(3)
(汉字)

※ 훈(뜻)음을 익힌 후 漢字를 쓴다.

衣	意	医 醫	者 者	作
옷 의	뜻 의	의원 의	놈 자	지을 작

6급 배정 한자 300자 漢字 쓰기(4)
(汉字)

※ 훈(뜻)음을 익힌 후 漢字를 쓴다.

昨	章	才	在	战戰
어제 작	글 장	재주 재	있을 재	싸움 전

6급 배정 한자 300자 漢字 쓰기(5)
(汉字)

※ 훈(뜻)음을 익힌 후 漢字를 쓴다.

定	庭	第	題 題	朝
정할 정	뜰 정	차례 제	제목 제	아침 조

6급 배정 한자 300자 漢字 쓰기(6)
(汉字)

※ 훈(뜻)음을 익힌 후 漢字를 쓴다

族	注	晝 畫	集	窓 窓
겨레 족	부을 주	낮 주	모을 집	창 창

6급 배정 한자 300자 漢字 쓰기(7)
(汉字)

※ 훈(뜻)음을 익힌 후 漢字를 쓴다.

清 清	体 體	亲 親	太	通 通
맑을 청	몸 체	친할 친	클 태	통할 통

6급 배정 한자 300자 漢字 쓰기(8)
(汉字)

※ 훈(뜻)음을 익힌 후 漢字를 쓴다.

特	表	风 風	合	行
특별할 특	겉 표	바람 풍	합할 합	다닐 행/항렬 항

6급 배정 한자 300자 漢字 쓰기(9)
(汉字)

※ 훈(뜻)음을 익힌 후 漢字를 쓴다.

幸	向	現 現	形	号 號
다행 행	향할 향	나타날 현	모양 형	이름 호

6급 배정 한자 300자 漢字 쓰기(10)
(汉字)

※ 훈(뜻)음을 익힌 후 漢字를 쓴다.

和	画 書	黄 黃	会 會	训 訓
화할 화	그림 화	누를 황	모일 회	가르칠 훈

김영준 漢字 교실
(汉字)

훈(뜻)음 찾기

ㄱ

가
可 옳을 가
加 더할 가
家 집 가
歌 노래 가
價 값 가

각
各 각각 각
角 뿔 각

간
間 사이 간

감
感 느낄 감

강
江 강 강
强 강할 강

개
改 고칠 개
開 열 개

객
客 손 객

거
去 갈 거
擧 들 거

건
件 물건 건
建 세울 건
健 굳셀 건

격
格 격식 격

견
見 볼 견
　　뵈올 현

결
決 결단할 결
結 맺을 결

경
京 서울 경
景 볕 경
敬 공경 경
輕 가벼울 경
競 다툴 경

계
界 지경 계
計 셀 계

고
古 예 고
考 생각할 고
告 고할 고
固 굳을 고
苦 쓸 고
高 높을 고

곡
曲 굽을 곡

공
工 장인 공
公 공평할 공
功 공 공
共 한가지 공
空 빌 공

과
果 실과 과
科 과목 과
過 지날 과
　　허물 과
課 과정 과
　　공부할 과

관
關 관계할 관
觀 볼 관

광
光 빛 광
廣 넓을 광

교
交 사귈 교
校 학교 교
敎 가르칠 교
橋 다리 교

구
九 아홉 구
口 입 구
具 갖출 구
區 구분할 구
　　지경 구
球 공 구
救 구원할 구
舊 예 구

국
局 판 국
國 나라 국

군
軍 군사 군
郡 고을 군

귀
貴 귀할 귀

규
規 법 규

근
近 가까울 근
根 뿌리 근

금
今 이제 금
金 쇠 금
　　성 김

급
急 급할 급
級 등급 급
給 줄 급

기
己 몸 기
技 재주 기
汽 물끓는김 기
氣 기운 기
記 기록할 기
基 터 기
期 기약할 기
旗 기 기

길
吉 길할 길

ㄴ

남
男 사내 남
南 남녘 남

납
內 안 내

녀
女 계집 녀

년
年 해 년

념
念 생각 념

농
農 농사 농

능
能 능할 능

ㄷ

다
多 많을 다

단
短 짧을 단
團 둥글 단
壇 단 단

담
談 말씀 담

훈음찾기

답
答 대답 답

당
堂 집 당
當 마땅 당

대
大 큰 대
代 대신 대
待 기다릴 대
對 대할 대

덕
德 큰 덕

도
到 이를 도
度 법도 도
　 헤아릴 탁
島 섬 도
道 길 도
都 도읍 도
圖 그림 도

독
獨 홀로 독
讀 읽을 독
　 구절 두

동
冬 겨울 동
同 한가지 동
東 동녘 동
洞 골 동
　 밝을 통
動 움직일 동

童 아이 동

두
頭 머리 두

등
登 오를 등
等 무리 등

ㄹ

락
落 떨어질 락
樂 즐길 락
　 노래 악

랑
朗 밝을 랑

래
來 올 래

랭
冷 찰 랭

량
良 어질 량
量 헤아릴 량

려
旅 나그네 려

력
力 힘 력
歷 지날 력

련

練 익힐 련

령
令 하여금 령
領 거느릴 령

례
例 법식 례
禮 예도 례

로
老 늙을 로
勞 일할 로
路 길 로

록
綠 푸를 록

료
料 헤아릴 료

류
流 흐를 류
類 무리 류

륙
六 여섯 륙
陸 뭍 륙

리
里 마을 리
理 다스릴 리
利 이할 리
李 오얏 리
　 성 리

림
林 수풀 림

립
立 설 립

ㅁ

마
馬 말 마

만
萬 일만 만

말
末 끝 말

망
亡 망할 망
望 바랄 망

매
每 매양 매
買 살 매
賣 팔 매

면
面 낯 면

명
名 이름 명
命 목숨 명
明 밝을 명

모
母 어미 모

목
木 나무 목
目 눈 목

무
無 없을 무

문
文 글월 문
門 문 문
問 물을 문
聞 들을 문

물
物 물건 물

미
米 쌀 미
美 아름다울 미

민
民 백성 민

ㅂ

박
朴 성 박

반
反 돌이킬 반
　 돌아올 반
半 반 반
班 나눌 반

발
發 필 발

방
方 모 방

放 놓을 방	父 아비 부	**산**	鮮 고울 선	**숙**	
배	部 떼 부	山 메 산	**설**	宿 잘 숙 별자리 수	
倍 곱 배	**북**	産 낳을 산	雪 눈 설	**순**	
백	北 북녘 북	算 셈 산	說 말씀 설 달랠 세	順 순할 순	
白 흰 백	달아날 배	**삼**	**성**	**술**	
百 일백 백	**분**	三 석 삼	成 이룰 성	術 재주 술	
번	分 나눌 분	**상**	性 성품 성	**습**	
番 차례 번	**불**	上 윗 상	姓 성 성	習 익힐 습	
법	不 아닐 불 아닐 부	相 서로 상	省 살필 성 덜 생	**승**	
法 법 법		商 장사 상		勝 이길 승	
변	**비**	賞 상줄 상	**세**	**시**	
變 변할 변	比 견줄 비	**색**	世 인간 세	市 저자 시	
별	費 쓸 비	色 빛 색	洗 씻을 세	示 보일 시	
別 다를 별 나눌 별	鼻 코 비	**생**	歲 해 세	始 비로소 시	
	빙	生 날 생	**소**	時 때 시	
병	氷 얼음 빙	**서**	小 작을 소	**식**	
兵 병사 병		西 서녘 서	少 적을 소	式 법 식	
病 병 병	**ㅅ**	序 차례 서	所 바 소	食 밥 식 먹을 식	
복		書 글 서	消 사라질 소	植 심을 식	
服 옷 복	**사**	**석**	**속**	識 알 식 기록할 지	
福 복 복	士 선비 사	夕 저녁 석	束 묶을 속		
본	四 넉 사	石 돌 석	速 빠를 속	**신**	
本 근본 본	史 사기 사	席 자리 석	**손**	臣 신하 신	
봉	仕 섬길 사	**선**	孫 손자 손	身 몸 신	
奉 받들 봉	死 죽을 사	仙 신선 선	**수**	信 믿을 신	
부	事 일 사	先 먼저 선	水 물 수	神 귀신 신	
夫 지아비 부	使 부릴 사 하여금 사	船 배 선	手 손 수	新 새 신	
	社 모일 사	善 착할 선	首 머리 수		
	查 조사할 사	選 가릴 선	數 셈 수		
	思 생각 사	線 줄 선	樹 나무 수		
	寫 베낄 사				

훈음찾기

실
失 잃을 실
室 집 실
實 열매 실

심
心 마음 심

십
十 열 십

ㅇ

아
兒 아이 아

악
惡 악할 악
　 미워할 오

안
安 편안 안
案 책상 안

애
愛 사랑 애

야
夜 밤 야
野 들 야

약
約 맺을 약
弱 약할 약
藥 약 약

양
洋 큰바다 양
陽 볕 양
養 기를 양

어
魚 고기 어
　 물고기 어
漁 고기잡을 어
語 말씀 어

억
億 억 억

언
言 말씀 언

업
業 업 업

연
然 그럴 연

열
熱 더울 열

엽
葉 잎 엽

영
永 길 영
英 꽃부리 영

오
午 낮 오
五 다섯 오

옥
屋 집 옥

온
溫 따뜻할 온

완
完 완전할 완

왕
王 임금 왕

외
外 바깥 외

요
要 요긴할 요
曜 빛날 요

욕
浴 목욕할 욕

용
用 쓸 용
勇 날랠 용

우
友 벗 우
牛 소 우
右 오를 우
　 오른(쪽)우
雨 비 우

운
雲 구름 운
運 옮길 운

웅
雄 수컷 웅

원
元 으뜸 원
原 언덕 원
院 집 원
園 동산 원
遠 멀 원
願 원할 원

월
月 달 월

위
位 자리 위
偉 클 위

유
由 말미암을 유
有 있을 유
油 기름 유

육
育 기를 육

은
銀 은 은

음
音 소리 음
飮 마실 음

읍
邑 고을 읍

의
衣 옷 의
意 뜻 의
醫 의원 의

이
二 두 이
以 써 이
耳 귀 이

인
人 사람 인
因 인할 인

일
一 한 일
日 날 일

임
任 맡길 임

입
入 들 입

ㅈ

자
子 아들 자
字 글자 자
自 스스로 자
者 놈 자

작
作 지을 작
昨 어제 작

장
長 긴 장

章 글 장
場 마당 장

재
才 재주 재
在 있을 재
再 두 재
災 재앙 재
材 재목 재
財 재물 재

쟁
爭 다툴 쟁

저
貯 쌓을 저

적
赤 붉을 적
的 과녁 적

전
全 온전 전
典 법 전
前 앞 전
展 펼 전
電 번개 전
傳 전할 전
戰 싸움 전

절
切 끊을 절
  온통 체
節 마디 절

점
店 가게 점

정
正 바를 정
定 정할 정
庭 뜰 정
停 머무를 정
情 뜻 정

제
弟 아우 제
第 차례 제
題 제목 제

조
祖 할아비 조
朝 아침 조
調 고를 조
操 잡을 조

족
足 발 족
族 겨레 족

졸
卒 마칠 졸

종
終 마칠 종
種 씨 종

좌
左 왼 좌

죄
罪 허물 죄

주
主 주인 주

임금 주
州 고을 주
住 살 주
注 부을 주
晝 낮 주
週 주일 주

중
中 가운데 중
重 무거울 중

지
止 그칠 지
地 따 지
知 알 지
紙 종이 지

직
直 곧을 직

질
質 바탕 질

집
集 모을 집

ㅊ

차
車 수레 차
  수레 거

착
着 붙을 착

참
參 참여할 참

석 삼

창
窓 창 창
唱 부를 창

책
責 꾸짖을 책

천
千 일천 천
川 내 천
天 하늘 천

철
鐵 쇠 철

청
靑 푸를 청
淸 맑을 청

체
體 몸 체

초
初 처음 초
草 풀 초

촌
寸 마디 촌
村 마을 촌

최
最 가장 최

추
秋 가을 추

축
祝 빌 축

춘
春 봄 춘

출
出 날 출

충
充 채울 충

치
致 이를 치

칙
則 법칙 칙
  곧 즉

친
親 친할 친

칠
七 일곱 칠

ㅌ

타
他 다를 타
打 칠 타

탁
卓 높을 탁

탄
炭 숯 탄

태
太 클 태

택
宅 집 택

토
土 흙 토

통
通 통할 통

특
特 특별할 특

ㅍ

판
板 널 판

팔
八 여덟 팔

패
敗 패할 패

편
便 편할 편
　　똥오줌 변

평
平 평평할 평

표
表 겉 표

품
品 물건 품

풍
風 바람 풍

필
必 반드시 필
筆 붓 필

ㅎ

하
下 아래 하
河 물 하
夏 여름 하

학
學 배울 학

한
寒 찰 한
漢 한수 한
　　한나라 한
韓 나라 한
　　한국 한

합
合 합할 합

해
海 바다 해
害 해할 해

행
行 다닐 행
　　항렬 항
幸 다행 행

향
向 향할 향

허
許 허락할 허

현
現 나타날 현

형
兄 형 형
形 모양 형

호
號 이름 호
湖 호수 호

화
火 불 화
化 될 화
花 꽃 화
和 화할 화
畫 그림 화
　　그을 획
話 말씀 화

환
患 근심 환

활
活 살 활

황
黃 누를 황

회
會 모일 회

효
孝 효도 효
效 본받을 효

후
後 뒤 후

훈
訓 가르칠 훈

휴
休 쉴 휴

흉
凶 흉할 흉

흑
黑 검을 흑